Ouvrage paru précédemment chez Marabout en 2014 sous le titre
J'aime pas être enceinte !

Illustrations de Jessica Ohana

Mademoiselle Navie

TOUCHE PAS À MON VENTRE !

Comment survivre à 9 mois de pur bonheur...

MARABOUT

SOMMAIRE

Merci à Amélie Poggi qui m'a permis d'écrire ce livre
(et à Aline Sibony qui a cru à son potentiel rock...)
que je dédie :

À toutes celles qui ont ou vont porter la vie... même si ce n'est pas si drôle.

À celui qui m'a permis de la porter (pas Dieu, non, Baptiste !).

À ma petite sœur, qui l'a porte en ce moment.

Et à mon fils, ma vie.

MADEMOISELLE NAVIE

INTRODUCTION

IL ÉTAIT UNE FOIS (TOI ET MOIIII, AAAAAH AAAAH !)

Tout commence par un trait bleu ou rose. Mais la couleur, on s'en moque bien le coquillage, dans ces moments-là ! Il met en théorie une minute à apparaître, un peu moins la plupart du temps. Les collants roulés sur les genoux, les fesses sur la cuvette, éclairée par l'ampoule des toilettes, on fixe ce gros bâton avec des yeux tout ronds.

Que l'on souhaite de tout son cœur être enceinte ou au contraire que l'on craigne la nouvelle, la plupart des futures mères l'apprennent les miches gelées, bercées, au mieux, par une odeur de Canard WC.

Bon, en vrai, si l'on souhaite être plus pragmatique, tout commence un peu plus tôt, dans un lit. Enfin, « le lit » étant une image, puisque je connais quelqu'un qui a été « fabriqué » sur une machine à laver... Mais si vous tenez ce livre entre vos mains, vous savez depuis quelque temps comment on fait les bébés, donc je n'ai pas besoin de vous expliquer la vie – pour ça, il y a *Les Anges de la téléréalité*.

Quand j'étais petite, mes parents, qui étaient du genre à ne pas se mouiller, m'ont conté le merveilleux récit de la procréation. Comme beaucoup d'entre vous, j'ai eu droit à : « Les petites filles naissent dans les roses et les petits garçons – *beaucoup moins glamour* – dans les choux. Maintenant, arrête de poser des questions, merci ! » Certaines ont eu droit à l'autre légende, celle de la cigogne, mais mes parents savaient sûrement que cette histoire me ferait plus flipper. (Sérieusement, qui a envie d'être apporté par un oiseau qui a le bec aussi tranchant qu'une épée et des yeux fous, sérieusement ?)

Enfin bref, un jour, au détour d'un article dans *Bravo Girl*, j'ai compris que les enfants étaient le fruit d'une relation sexuelle. Autant vous dire qu'après la déception de la petite souris et du Père Noël, j'avais bien les boules ! Parce que moi, cette histoire de jardinier paysagiste, ça m'allait TRÈS BIEN, MERCI. Et même si dans le genre « tueuse de plantes » je me pose là, pour mon enfant, j'aurais eu la main verte, je le jure !

Ce qui se serait alors passé aurait été génial. Le 14 février 2012, mon mec m'aurait donné sa « graine », je l'aurais mise dans le « terreau ». Puis, aimante, attentionnée, maternelle, j'aurais choyé ma bouture avec bienveillance. Neuf mois d'entretien et de bons soins plus tard, le 5 novembre 2012 très précisément, je me serais rendue dans notre jardin pour y découvrir dans un chou un petit blond aux yeux bleus et cul nu… adorable. Et j'aurais pleuré pareil que le 5 novembre 2012 quand on m'a présenté (après 36 heures de travail) mon fils, ma bataille.

La morale de mon histoire, c'est que la vie est une vieille petite sorcière vérolée[1] quand elle le veut. Cette histoire de jardin, c'était bien trop joli, trop doux, trop sympa, trop simple pour Dame Nature la méchante. Et surtout TROP FACILE. Elle a donc décidé que la grossesse serait une épreuve – pas pour toutes, pas tout le temps... – et qu'elle ressemblerait à des montagnes russes.

C'est vraiment trop injuste !

Donc, reprenons au test de grossesse, à partir du moment où le trait apparaît. C'est comme si l'univers des femmes enceintes se divisait en deux. Il y a celles qui ont le ventre rond dès deux mois, qui savent ce que cododotage[2] et haptonomie[3] signifient, celles-là mêmes qui ont inscrit leur enfant à la maternité bien avant d'avoir un symptôme et qui vivent leur grossesse à fond, le sourire aux lèvres façon « oh-là-là-je-suis-si-épanouie ». Tu leur dis : « varices vulvaires », elles répondent : « Bah, c'est pas facile, hein, mais c'est beau. »

Sales chanceuses, pour ne pas être vulgaire.

Puis il y a les autres. Celles qui ont allumé une clope en voyant le test positif en hurlant un sonore « oh bordel », celles qui ont couru, puis pleuré, puis dansé, puis paniqué. Celles qui n'avaient jusque-là jamais mis les pieds sur les forums de « mamans » (ou alors pour se moquer), celles pour qui « grossesse » veut dire : « pas le droit de **[insérer ici tout ce que**

1. Ou chienne de la casse, selon que vous soyez vulgaire ou pas !

2. Dormir avec son enfant.

3. Accompagnement qui, dans le cadre périnatal, favorise la relation avec l'enfant par le contact affectivo-psycho-tactile.

j'aime faire] pendant neuf mois ». Enfin, celles qui trouvent l'accouchement flippant et à qui le mot « placenta » donne envie de vomir leur petit déj.

Je fais partie de la seconde catégorie. Ce livre s'adresse donc à toutes les femmes qui feront d'excellentes mères, mais qui vivent ces neuf mois comme un pénible chemin de croix. Qu'elles l'assument ou pas. Celles qui se sentent coupables de ne pas être plus ravies que ça d'avoir des gaz (preuve que bébé s'épanouit), celles qui comptent les jours qui les séparent de la naissance, donc de leur soirée mojitos-sushis-clopes.

Attention, ce livre n'est pas un guide de la mère indigne : je ne prône pas la grossesse vue par une punk qui boit, fume et fait du saut à l'élastique qu'importent les conséquences ! Je suis une maman qui a personnellement souffert du manque d'ouvrages non culpabilisants pendant sa grossesse. Je me sentais un peu seule, un peu perdue. J'ai pas « kiffé ma race d'être enceinte », mais j'adore la suite.

La grossesse est une aventure. Beaucoup de futures mères la trouvent formidable, d'autres sont plutôt d'accord pour la qualifier de « passage obligatoire un peu chiant », et toutes s'accorderont pour vous dire que ça bouscule le quotidien... (Saurez-vous retrouver l'euphémisme dans cette phrase ?)

Il était important de trouver dans les rayonnages destinés à la grossesse des livres pour les loseuses. Parce qu'être une femme, ce n'est pas forcément adorer être enceinte, et on a le droit de dire haut et fort : « J'aime pas ça ! Je me sens grosse ! Je me sens émotive ! Je me sens fatiguée ! J'ai peur ! Arrêtez de me toucher le ventre, je ne suis pas un animal. Je suis un être humain ! »

À travers huit chapitres :

- on se dira toute la vérité ;
- on se soutiendra pendant les moments de stress, de ras-le-bol, mais aussi d'euphorie ;
- on ne se culpabilisera pas ;
- on se donnera des astuces pour faire passer le temps, les maux.

Parce qu'il y en a marre de ces futures mamans parfaites au teint rose qui nous rabâchent des : « Je n'ai jamais été aussi en forme. » Merde !

C'EST L'HEURE...
DU TEST DE PERSONNALITÉ GÉNIAL !

Vous pensez que les filles qui ne sont pas des addicts de la grossesse auraient dû/pu le voir venir ?

Non, parce que personnellement, on m'aurait interrogée il y a deux ans (et je pense que c'est le cas pour la majeure partie des filles qui n'aiment pas être enceintes), j'aurais répondu : « Je suis sûre que je suis faite pour ça, je suis sûre que je vais adorer le gros ventre, sentir la vie en moi, ça ne m'empêchera pas d'être sexy, etc. »

Haha, que j'étais naïve à l'époque où j'avais encore un périnée de compétition !

Du coup, après des mois de recherches, j'ai mis au point ce test de personnalité que tous les magazines vont m'envier, mais que j'ai déposé à la Nasa pour ne pas qu'on me le vole.

Plouf, plouf, étais-je faite pour être enceinte ?

1. Faire la fête jusqu'à pas d'heure en criant que c'est votre dernier verre et que Beyoncé est votre dieu, c'est...

a - Plus de votre âge. ☐

b - Votre passé, votre présent, votre futur. ☐

c - De temps en temps, c'est vrai que vous aimez prendre cher. ☐

2. Quand vous tombez sur un fruit siamois (deux fruits collés ensemble) :

a - Vous les décrochez délicatement. ☐

b - Vous les gobez en même temps parce que c'est mignon. ☐

c - Vous avez l'impression qu'ils ont une malformation dégoûtante et les jetez en pensant « Tchernobyl ». ☐

3. Demi Moore, Jessica Simpson, Britney Spears, Claudia Schiffer à poil en couverture de magazines et très enceintes, vous trouvez ça :

a - Trop beau. ☐

b - Trop photoshopé. ☐

c - Trop intime. ☐

4. On doit vous donner une réponse pour un entretien vendredi et, quand arrive le jour J, on vous apprend que vous n'aurez la réponse que dans neuf mois...

a - Vous égorgez le DRH et avalez un tube de colle UHU. ☐

b - Vous prenez votre mal en patience, après tout, tout vient à point... ☐

c - Chouette, il vous reste neuf mois pour vous préparer à votre futur job, hihi ! ☐

5. Face à la maladie (angine, rhume, gastro-entérite)...

a - Vous êtes un roc, pas douillette, un vrai bonhomme, enfin une vraie meuf surtout. ☐

b - Vous n'êtes pas une chochotte, mais vous vider à cause d'un mauvais taco, ça fout les boules. ☐

c - Vous tournez de l'œil dès qu'on vous coupe les ongles trop court. ☐

Résultats

J'aime pas être enceinte !

★	◆	▲
1b	1a	1c
2c	2b	2a
2b	2a	2c
4a	2b	43
5c	5a	5b

Si vous avez une majorité de ◆

La grossesse est faite pour vous et elle vous va comme le léopard sied à Tina Turner !

Vous faites partie de ces femmes qui ont une patate d'enfer quand elles sont enceintes. Pas le genre qui sèche un cours d'accouchement sans douleur ! Vous n'avez pas vu ou ne voyez pas passer ces neuf mois et regrettez déjà l'époque où tout le monde vous touchait le ventre. Si vous avez une majorité de ◆, vous êtes aussi la candidate idéale à la dépression post-partum[1] ! (Ah, bah oui, on ne peut pas avoir tous les avantages.)

Si vous avez une majorité de ▲

Si ça se trouve, vous êtes faite pour la grossesse, ou pas. Je ne peux pas vous en dire plus, je ne suis pas madame Irma non plus !

Si vous avez une majorité de ★

Bon, bah oui, vous êtes du genre « pas faite pour la grossesse » ; ça vous va aussi bien que le Lycra à Jacky Sardou. Quelle femme enceinte êtes-vous (ou serez-vous) ? Une qui n'a pas le choix, qui parfois vit des moments très forts comme les miss Perfection à majorité de ★, mais aussi parfois des grands moments de solitude, de ras-le-bol général. Peut-être que vous aurez besoin d'une aide et que ce livre, à défaut de vous rendre votre grossesse merveilleuse, vous aidera à la rendre plus zen !

---

1. Ou « dépression post-natale », qui touche entre 5 et 25 % des femmes (oui, il existe trop d'études et de mesures différentes…). À différencier du « baby blues », qui touche 80 % des femmes et qui survient au jour 3 après l'accouchement.

LE PREMIER PAS

4 semaines pour commencer la grande aventure ! Banzaï !

Tic-tac, tic-tac… La vie est une course ; à peine le pied posé au CP qu'on passe déjà le brevet des collèges, à peine on trouve enfin un mec qui assure qu'on se demande s'il sera « le bon ». Le temps est une notion omniprésente dans notre société à grande vitesse.

Dans *Alice au pays des merveilles*, nous ne sommes ni le chat du Cheshire, ni Alice, ni le Chapelier fou, ni même la Reine de cœur… Nous sommes toutes et tous le Lapin blanc. Tic-tac, tic-tac…

Logiquement, tout est adapté à ce rythme effréné, TGV, escalators, sèche-cheveux : ne pas perdre de temps pour, soi-disant, croquer la vie à pleines dents !

On s'habitue, on devient des sales gosses pressés et pressants. On ne nous a pas appris la patience, du coup, quand il y a plus de quatre personnes devant moi à la caisse du supermarché et que la caissière est un peu lente, je tape nerveusement du pied (mais bien sûr, je fais genre ça m'est égal).

Ainsi, quand on apprend l'« heureux événement », on a tendance à croire que ça va se passer pareil : « neuf mois, mais c'est demain ! » Le temps va filer à toute allure, alors vite, il faut tout gérer tout de suite, en criant les bras en l'air que la fin est proche.

FAUX !

Vous n'entendrez JAMAIS une mère HONNÊTE vous dire que la grossesse « passe vite », surtout la première. C'est pour cela qu'il est important de se poser et d'organiser les choses dans l'ordre… et SANS PANIQUER !

C'EST TOI ET MOI CONTRE LE MONDE ENTIER (LA LA LA)

Votre entourage va jouer un grand rôle dans le déroulement de votre grossesse (tant en termes de pénibilité que d'amour, de conseils et de bienveillance).

LA PENSÉE POSITIVE DE LA GROSSESSE

Dans neuf mois, si tout se déroule comme prévu et s'il ne pointe pas son nez avant, vous tiendrez dans vos bras un nourrisson.

Primigestes[1], sachez que cette rencontre avec l'enfant que vous portez sera un incroyable moment ! On a beau toutes se l'être imaginé, c'est encore plus étonnant.

Néanmoins, ne rêvez pas trop non plus, vous ne serez pas forcément submergée d'amour, vous trouverez peut-être que le fruit de vos entrailles (miam) ressemble à Gollum, mais vous prononcerez votre premier « Bonjour, toi », et ça, ça pique le nez, comme dirait mon mari. À partir d'aujourd'hui, il faut se concentrer sur cette pensée positive et s'y accrocher les jours difficiles (comme celui où l'on se découvre une vergeture violette sur le ventre alors qu'on y avait échappé jusque-là).

---

1. Jargon médical pour dire « première fois enceinte » ; vous allez souvent l'entendre à l'hôpital, alors hochez la tête comme si vous saviez, c'est toujours classe. Le jour de votre accouchement, vous passerez au statut de primipare, « premier accouchement ».

À ma connaissance, Jean-Paul Sartre n'est jamais tombé enceinte et pourtant, il avait tout compris : « L'enfer, c'est les autres ! »

Que se passe-t-il quand un pipi change notre destin ? Est-ce qu'il faut courir dans tous les sens en levant les bras ? Est-ce qu'on le dit aux autres, à sa meilleure amie ? Et niveau papiers ? Déclarations ? Fisc ? FBI ? Et si on prenait un aller simple pour Acapulco en faisant comme si toutes ces questions pouvaient attendre... GO GO GO !

Je le dis, je le dis pas ?

NON ! Je sais, c'est extrêmement difficile de ne pas ameuter proches, potes, voisins et tout le quartier quand on apprend la grande nouvelle, surtout si on flippe. Vous avez du mal à cacher le moindre événement qui vient bousculer votre quotidien (embrouille avec son cordonnier, minipromotion...) ? Je vous comprends tellement ! Mais sachez une chose, le mot d'ordre du premier trimestre, c'est PRUDENCE.

Officialisation médicale

Un test de grossesse positif est sûr à 99 %, mais rien ne vaut la traditionnelle prise de sang. Quand vous verrez votre taux d'HCG (hormone gonadotrophine chorionique, sécrétée par la couche cellulaire de l'ovocyte à partir du moment où ce dernier a été fécondé, miam), vous serez complètement rassurée sur votre état. La première semaine, l'HCG est présente à raison de 30 à 100 mlU/mL et atteindra jusqu'à 200 000 mUI/mL au deuxième trimestre (le moment où nos émotions sont psychopathes).

La règle des trois mois

Les médecins préconisent de garder la nouvelle officieuse en trimestre 1 (T1), car les risques de fausse couche y sont plus élevés[1]. Je trouve cette raison hyper-glauque, cependant je la comprends. Mais passer trois mois à « nier » qu'on est enceinte, c'est pas non plus mégasain. Donc, quand vous le sentirez, parlez-en, oui, mais aux BONNES PERSONNES. Et surtout en accord avec le futur père.

GARDER LE SECRET

Partager un secret avec son mec, c'est clairement sexy. De connivence, il vous commandera discrètement un virgin mojito[2] au bar et fera croire que c'est lui qui est crevé pour vous permettre de rentrer tôt. Les clins d'œil fuseront entre vous et il vous touchera le ventre entre deux portes. Profitez de ce secret pour renforcer votre couple ; savoir que vous êtes les deux seules personnes sur Terre à SAVOIR (enfin, vous et le corps médical), ça vous aidera à tenir.

L'apprendre à la ~~mafia~~ la famille

Il y a la famille (cette vieille cousine qu'on n'a vue qu'une seule fois et qui vit en Islande) et LA famille. Vous pouvez choisir de faire un tir groupé, en profitant d'une réunion familiale, mais je ne suis pas pour. Commencez mollo, par exemple avec une sœur qui sait tenir les secrets, une tante bienveillante, un

1. 10 % des grossesses diagnostiquées se terminent par une fausse couche le premier trimestre (source : esante.fr).

2. Voir recette p. 127.

grand-père adoré..., à qui vous pourrez raconter votre nouvelle aventure. Mais quand l'heure sera venue de le dire à votre mère, il se passera quelque chose !

Beaucoup de femmes profitent d'être enceintes pour faire une crise d'identité. Non pas qu'elles l'aient voulu, mais la grossesse ressemble à s'y méprendre à un passage que nous aurions souhaité mettre derrière nous : l'adolescence. Image de soi, de son corps, de sa féminité, de sa place dans la société, on a déjà connu ça, non ? Et pourtant, on remet le couvert, cette fois-ci en qualité de future mère. Vous ne serez bientôt plus la « fille de », mais la « mère de ».

Quel que soit le lien tissé avec notre mère, il nous explose en pleine figure et ce, dès le début de la grossesse.

Quelle mère a-t-elle été ? Est-ce que je veux faire comme elle ? Qu'est-ce que je ne veux pas reproduire ? Me suis-je sentie aimée ou au contraire étouffée ? Vais-je être une bonne mère ?... La grossesse est une DeLorean[1], elle vous fait voyager dans le passé et, pour ne pas y rester bloquée, vous devez prendre le temps d'en PARLER.

Que l'on ait des reproches à lui faire ou besoin qu'elle nous épaule, parler avec sa mère quand on le devient à son tour, c'est important.

Que vous soyez la première de la famille à tomber enceinte ou que tout le monde soit déjà passé par là, le dire

1. Vous savez, la voiture dans *Retour vers le futur* ?

changera votre statut. Êtes-vous prête à ça ou souhaitez-vous savourer encore un peu votre place ?

Ce que j'en pense ? Tout dépend de vos relations avec vos parents. Si votre mère est du genre envahissante, mais qu'en même temps elle est, sur Terre, celle qui a les meilleurs conseils, vous aurez besoin d'elle ! Si, au contraire, elle a le don unique de vous irriter comme personne, appelez-la uniquement le jour J.

Mon embryon, moi et les autres

Amis, collègues, c'est à vous de déterminer qui sera le bon interlocuteur de votre T1, mais, sachez-le, on est souvent déçue par la réaction des gens. Quand on approche de la trentaine, personne n'est « neutre » sur le sujet. Entre ceux qui n'arrivent pas à faire des enfants, ceux qui refusent l'idée qu'il est déjà l'heure, ceux qui n'ont pas trouvé la bonne personne, et ce qu'on fait… « suer ». Il faut prendre des précautions pour ne pas que sa grossesse devienne un sujet délicat.

Alors, à qui le dire ?

Aux gens HYPER-PROCHES. Entendez que la vague copine d'école, que vous revoyez de temps en temps pour vérifier qu'elle ne s'en sort pas mieux que vous, n'est pas une HYPER-PROCHE.

Évitez de le dire, pour l'instant, aux potes qui essaient de faire des enfants depuis un moment…

Évitez de le dire à ceux qui pensent que les enfants, c'est la fin d'une vie. Notre fragilité liée aux hormones supporte mal un : « Eh ben, c'est le début de la fin ! »

Évitez de le dire globalement à vos ex, à vos ennemis, à celle qui ne sait pas tenir sa langue, à votre enfant si vous en avez déjà un.

Quid des inconnus ? Contrairement au reste du monde, les inconnus sont vos ALLIÉS. Ne faisant pas partie de votre quotidien, vous pouvez parler avec eux de votre récente grossesse et décider, ensuite, de ne plus jamais leur parler de votre vie.

Où trouver des inconnus ? Dans les lieux publics (chez le coiffeur, dans les salles d'attente, à la piscine, dans les parkings...). Ou encore sur Internet (forums, réseaux sociaux, blogs, jeux en réseaux). Je me souviens d'un soir de blues où je me suis inscrite sur un forum féminin. Il y avait un topic pour les filles qui accouchaient en novembre, dit « les novembrettes ». Lire leurs états parfois pires que le mien m'aidait.

Et le corps médical ? Vous allez voir plus de médecins en neuf mois qu'au cours de ces dix dernières années. Autant vous le dire, avant de voir votre cœur s'enflammer, les médecins des hôpitaux n'ont rien des séries télévisées, et HEUREUSEMENT. Qui a envie de se faire visiter le col de l'utérus par le docteur Shepherd ?

Avec eux, vous pourrez parler de TOUT. C'est donc vraiment très important d'être à l'aise. Pour ma grossesse, j'avais consulté une gynécologue très froide et un peu brusque, qui n'avait rien de rassurant... Peut-on en conclure que je la détestais ? ON PEUT. Moi, j'avais besoin d'une « seconde maman », du coup j'en ai épuisé trois avant de trouver la bonne, et je m'étais fait une liste des qualités qu'elle devait avoir :

- un diplôme ;
- un ton déculpabilisant, et pas une mégère qui m'agresse parce que NON, je ne suis pas à jour dans mes vaccins ;
- une bavarde, pour qu'elle puisse ne montrer aucun signe d'agacement devant mes questions débiles genre : « Ça fait du mal à mon bébé, quand je mets des collants gainants pour faire croire aux gens que je ne fais pas d'aérophagie ? »

Vous avez besoin de quelqu'un de rassurant, ou au contraire de quelqu'un qui n'est pas dans l'affect ? Choisissez bien votre gynécologue, obstétricien, praticien, etc., en fonction de vos fragilités.

SAGES-FEMMES, JE VOUS AIME

À noter, et ceci n'est que mon expérience personnelle, partagée par quelques copines quand même. Les infirmières et sages-femmes sont toujours plus sympas que les professeurs et les médecins. Est-ce un préjugé ? Dans mon cas, c'est avéré. Je pense que cela s'explique par la nature même du métier de médecin : « Je suis là pour vous dire ce qui va, ce qui ne va pas, ce qu'il va falloir faire et ce, en trois minutes chrono. » Alors qu'une sage-femme, celle qui vous accouchera si tout se passe comme prévu, est là pour vous ACCOMPAGNER. Elle est la bonne fée au-dessus de votre ventre.

TO DO

La première visite médicale

OUI ! Les questions se bousculent dans votre tête comme des blogueuses mode à une vente privée. Comme dirait mon papy : « Chaque chose en son temps, mon bijou. »

La première visite médicale est importante, mais vous pouvez repousser l'échéance jusqu'à la onzième semaine.

Ce qu'on va vous y faire :

- une prise de sang et une analyse d'urine pour déterminer le taux d'albumine (qui permet de vérifier si vous faites de la tension), le taux de glycémie (pour le diabète), votre groupe sanguin complet (si vous ne le savez pas, c'est l'occasion) et le fameux taux de bêta-HCG[1] (qui permettra de dater la grossesse). Sachez toutefois que la fiabilité du « jour » annoncé par le médecin n'est pas une science exacte et que c'est une indication à quelques jours près ;
- une auscultation de la tête aux pieds (et une prescription de vitamines si le médecin ou la sage-femme vous sent fatiguée) ;
- on vous remettra également les papiers nécessaires pour notifier officiellement votre grossesse auprès de la CAF et de la Sécurité sociale. Ces documents sont indispensables pour votre prise en charge.

1. Voir p. 20.

SA & SG

Le monde médical ne parle pas la même langue que vous et aime les mots savants à l'orthographe improbable, genre « aménorrhée » (qui ressemble plus à un tube d'Ena).

Vous avez fait l'amour il y a 4 semaines, donc vous êtes enceinte de 4 semaines (vous êtes à 4 SG). Mais les médecins ne comptent pas de la même façon, et autant vite comprendre le calcul SA si vous ne voulez pas qu'ils vous parlent comme à une demeurée : « Vous pas avoir eu ragnagna depuis quand ? »

SA = semaine aménorrhée. Ce qui veut dire « semaine depuis la fin des dernières règles ». Si vous êtes tombée enceinte il y a 4 semaines, vous êtes à 6 SA (4 SG + 2 semaines depuis les dernières règles). Vous accoucherez à 40 SA... Ouais, vous avez le temps.

Vous inscrire à la maternité

Quoi, déjà ? Mais... mais hier encore, je faisais la folle sur une table de bar et c'est déjà l'heure de prendre rendez-vous ?

Eh bien oui. Pour ma part, j'étais mal informée, donc au bout de 5 semaines, j'ai pris rendez-vous dans la clinique la plus cool de Paris (c'est mon côté Mélissa Theuriau) et on m'a littéralement ri au nez. Que l'on habite une grande ville ou une zone médicalement mal équipée, il faut savoir que les places sont CHÈRES.

J'ai eu de la chance de trouver un hôpital, mais j'ai passé deux longues semaines à m'imaginer accoucher au McDo du coin...

Donc, dès le PREMIER MOIS, on appelle la maternité.

Si vous avez le choix (il y en a plusieurs autour de chez vous), voici la liste des questions à se poser pour vous garantir un accouchement qui se rapprochera de votre idéal :

- Le père a-t-il le droit d'assister à l'accouchement (par voie basse et péridurale) ? Parce qu'il manquerait plus que vous livriez le paquet seule !
- Y a-t-il une nursery pour pouvoir vous reposer la première nuit qui suit l'accouchement (INDISPENSABLE) ?
- Y a-t-il des chambres individuelles ? Et comment faire pour en obtenir une ? (J'ai une cinquantaine de pages d'arguments sur la nécessité d'avoir une chambre seule. Mais on peut commencer par : L'INTIMITÉ.)
- Est-ce que ce n'est pas trop loin de la maison ? Bon, le jour J, c'est rare pour un premier enfant de se rendre « trop tard » à la maternité. Mais comme vous allez vous rendre régulièrement dans ce lieu pendant ces neuf mois, il ne faut pas que ça vous prenne trop de temps de transport.
- Sont-ils équipés en cas de complication pendant la grossesse (réanimation, bloc opératoire, etc.) ? Et sinon, comment sont gérés les transferts ?
- Sont-ils aussi efficaces que Jack Bauer dans *24 Heures chrono* ?

Paperasse mon amour

Pour être tranquille dès le début, il faut s'occuper de quelques papiers. Oui, c'est chiant, oui, la vie serait plus simple si tout était numérique, oui, un jour les voitures voleront et un robot postera vos lettres à votre place ! Mais d'ici là :

- envoyez la déclaration de grossesse à la Sécu et à la CAF (vous avez jusqu'à la 12e semaine pour le faire, après c'est hyper-chiant pour se faire rembourser, etc.) ;
- achetez-vous un agenda pour noter TOUS les rendez-vous ; vous allez en avoir une tonne, comme une star qui fait la promotion d'un film… en moins glamour.

Avoir « the talk »

Votre couple croit être prêt pour la merveilleuse aventure de la parentalité, parce que vous essayez depuis longtemps ou que vous en avez déjà beaucoup parlé… Tant mieux pour vous, c'est déjà une épine dans le pied en moins ! Mais ce n'est pas le cas de tout le monde et, surtout, être prêt à avoir un enfant ne veut pas dire être prêt à vivre une grossesse. Votre mari/mec/conjoint/petit ami doit SAVOIR ce qui se passe dans votre corps. Et comme il ne peut que « se l'imaginer », il faut lui expliquer CONCRÈTEMENT que :

- vous n'êtes plus celle qui contrôle votre corps. Youpi, vous êtes plusieurs aux commandes ! Il y a : votre cerveau (jusque-là tout va bien), votre enfant (qui va rapidement se manifester, et ce ne sera pas toujours par le biais d'un mignon coup de pied) et vos HORMONES (voir l'encadré chapitre 2, p. 47) ;

À NÉGOCIER DÈS LE DÉBUT !

Votre première sortie sans mari et sans enfant. Eh oui, il est important de savoir que quand tout reviendra à la normale, enfin, quand vous serez trois, votre mari vous récompensera de la grossesse et de l'accouchement en s'occupant seul de votre enfant pendant que vous fêterez dignement votre retour à la vraie vie sociale.

- même si votre conjoint est d'un grand réconfort, il va vous arriver d'être écœurée par son parfum, la clope, le plat qu'il vous aura préparé pendant une heure, etc., certains maux doivent parfois seulement passer,
- même s'il n'est pas enceinte, c'est un truc qui se vit à deux, les premiers rendez-vous chez les médecins, les échos... Le lien se crée aussi dès le début et, même si votre gosse ne s'en souviendra pas – l'ingrat –, vivre ces moments à deux, c'est important ;
- vous allez le transformer en monsieur Propre : de sa bienveillance à son soutien moral, en passant par les tâches ménagères, une grossesse se voit largement améliorée quand le conjoint se la joue Tony Danza.

PREMIER MOIS : COMMENT VOIR LE VERRE À MOITIÉ PLEIN !

Ce n'est pas le cas pour toutes les femmes, mais si, pendant vos règles, vous étiez : plus sensible, plus agacée, à fleur de peau, il y a de grandes chances pour que vous soyez de celles qui vont prendre l'ascenseur émotionnel du premier trimestre... Alors accrochez-vous à ces bonnes nouvelles !

OK, vous êtes malade, vous commencez à vivre vos premières frustrations alimentaires, etc., mais c'est parce qu'en vous, ça travaille comme jamais. Au bout d'un mois, le fœtus a une grosse tête, il mesure 2 à 5 mm, il a une queue et des bourgeons de membres... Puis, surtout, il a un cœur qui bat.

LE DIRE À SON PATRON ?

Vous n'avez pas d'obligation de prévenir votre employeur que vous êtes enceinte. Vous avez en revanche l'obligation de le prévenir avant de partir en congé maternité. Mais pour la paix des ménages, et aussi pour bénéficier des avantages légaux (protection contre le licenciement, autorisation d'absence pour examen médical, etc.), il est vivement conseiller de l'en informer à la fin du premier trimestre[1].

1. Source : site officiel de l'Administration française (*www.vosdroits.service-public.fr*).

BON PLAN

Pensez à demander la carte nationale de priorité de la famille[1]. C'est un peu le laissez-passer VIP pour éviter la station debout prolongée aux guichets des administrations et des services publics, ainsi que dans les transports en commun. Vous n'allez pas attendre d'être dilatée à 10 pour qu'on daigne enfin vous laisser une place assise. Et puis, comme ça, vous ferez comme les petites vieilles dans le bus fières de vous déloger.

Quand votre mec se plaindra du taf qui déborde, vous pourrez lui dire : « Cette semaine j'ai fabriqué un cœur, OK ? »

Téléchargez une appli iPhone pour suivre l'évolution de votre grossesse jour après jour. Pour en avoir testé une quarantaine, mes deux préférées sont Baby Center (check-lists, conseils, suivi, etc.) et Hello Baby France (sponsorisée par Pampers – une claque visuelle et, surtout pour celles qui comme moi sont fascinées par l'aspect « biologique » de la grossesse, les images sont étonnantes). Bon, ce n'est pas ultra-funky, mais c'est souvent passionnant.

Vos seins sont les premiers à se développer (avant votre ventre), à croire que ce sont eux qui portent la vie. Si vous n'en avez jamais eu, profitez-en ! Et si vous avez très mal, il existe des astuces. S'ils sont intouchables, passez un jet d'eau froide

1. Faites la demande sur papier libre auprès de la CAF et des CMSA.

dessus ou mettez deux gants de toilette mouillés 5 minutes au congélateur et posez-les en compresse sur votre poitrine. Les pommades anticoups (habituellement utilisées pour les bleus et petits bobos) sont aussi très efficaces ; vous les trouverez en pharmacie (vérifiez qu'elles sont compatibles avec votre état).

Enfin, c'est le moment ou jamais de démarrer un projet sur ces neuf mois. Prendre en photo l'évolution de votre ventre par exemple. On sous-estime le pouvoir nostalgique du gros ventre, même quand on n'a pas aimé être enceinte... Schizophrène, moi ? Nooooon ! En revanche, les poster sur Facebook, c'est gênant.

***

Et voilà, le premier mois file à vive allure. Normal, votre cerveau n'est pas encore ramolli par votre enfant, qui n'est à ce stade qu'un têtard (ce n'est que plus tard que vous glousserez devant la première échographie, le premier sourire, la première crotte de nez). Personne ne vous a encore touché le ventre dans le bus parce que « ça porte bonheur », vous n'avez pas encore pris une grande inspiration avant de monter trois marches... En prime, vous avez conservé votre corps et vous avez doublé votre taille de bonnet. Chaque chose positive est bonne à prendre, alors profitez-en !

LE TRIMESTRE INFERNAL

Comment le transformer en aire de repos

Je dédie – comme un rappeur – ce chapitre sur le premier trimestre à celles qui vont cumuler tous les désagréments qui l'accompagnent. Accrochez-vous, Femmes, c'est vérifié, au deuxième trimestre, les choses s'améliorent nettement.

Mais avant, il faut en passer par ce que j'ai personnellement appelé : LE PETIT VIETNAM.

Acné, nausées, aigreurs, furie hormonale ou absence de signes de grossesse qui nous pousse à continuer à faire comme si de rien n'était (fumer, boire, manger ce qu'on veut...). Bienvenue dans le premier trimestre, une petite douche froide pour celles qui s'attendaient à le vivre à la cool. Ne le dire à personne, ne pas sentir le têtard, ça n'a rien d'évident... Mais rassurez-vous, il y a plein de trucs chouettes à faire (comme profiter de ses dernières tenues à la *Sex and the City* car, bientôt, vous jouerez dans une nouvelle catégorie, la bien nommée « apportez-le-monte-charge »). Alors, oui, c'est vrai, on va dresser un compte rendu peu reluisant, mais ne dramatisons pas non plus ; ces petites gênes n'ont pas toutes lieu en même temps et ne concernent pas toutes les femmes.

LE TRIMESTRE 1 (T1) ET LES AFFREUSES DÉCOUVERTES

« Rencontrer » la grossesse, c'est découvrir, si vous n'en aviez pas conscience, que les trois quarts des choses que vous aimiez faire ou qui faisaient partie de votre quotidien doivent être mises de côté pour les neuf prochains mois.

Sachez que l'argument « pfff, dans les années 1970, y'avait pas tous ces interdits et on ne se portait pas plus mal » est vraiment absurde. Si, aujourd'hui, il y a autant de contraintes, c'est parce que les chiffres des maladies infantiles, puis les complications à l'âge adulte, ont été mis en corrélation avec des aliments et des comportements à risque pendant la grossesse (alcool, tabac, viande crue, etc.). D'emblée, je préfère être sincère, ce n'est pas moi qui vais vous dire : « Oh, c'est pas grave, on s'en fout », mais plutôt : « Oui, c'est chiant comme une coupe ratée, mais il y a des solutions (et puis ça repousse, des cheveux) ! »

J'ai été la première à râler et je n'ai pas toujours réussi à respecter les consignes, alors, la plupart du temps, j'ai essayé de ruser.

La cigarette

J'aimerais pouvoir vous révéler que la cigarette n'est pas aussi dangereuse que ce que l'on dit et qu'une récente étude a même montré les effets géniaux de la nicotine sur le développement cérébral des fœtus, mais ce serait un mensonge (et je pourrais aller en prison... or, je veux voir la fin de *Homeland* avant). En revanche, ce que je peux vous

L'ASTUCE DE MAMIE MALIGNE

Coupez-vous des carottes de la longueur d'une clope et grignotez la tige dès que vous en ressentez le besoin. OK, sortir avec sa tige de légume à la pause clope au bureau, c'est bizarre, mais ça aide ! Notez par ailleurs qu'il n'y a pas suffisamment de recul sur la cigarette électronique pour l'utiliser comme substitut.

dire, c'est que si vous n'arrivez pas à arrêter la clope du jour au lendemain, ce n'est pas la mort non plus. Prenez rendez-vous chez un tabacologue[1], ils sont de plus en plus nombreux à suivre des femmes enceintes pour les aider à « décrocher ».
Un médecin de plus ou de moins, foutue pour foutue, hein...

Entre la prise de rendez-vous chez le spécialiste et le rendez-vous lui-même, lancez-vous le challenge de réduire d'au moins deux tiers votre consommation, en éliminant les clopes « mécaniques» ou réflexes.

Les viandes et poissons crus, et tous les mets qu'on peut se coller derrière l'oreille

Les aliments crus n'ont pas été cuits (je suis un génie), donc beaucoup de bactéries n'ont pas pu être éliminées par la chaleur et peuvent entraîner des maladies comme la

1. Depuis 1997, la prescription de substituts nicotiniques est officiellement admise pour les femmes enceintes qui ne parviennent pas à arrêter de fumer. La nicotine des substituts est en effet préférable à celle qui est inhalée avec les 4 000 substances toxiques de la fumée de cigarette. Les consultations sont remboursées par la Sécu, et les substituts nicotiniques sont remboursés à hauteur de 150 euros par an pour les femmes enceintes.

toxoplasmose. Et quand bien même vous seriez immunisée, les risques perdurent pour la listériose, très grave et dangereuse pour l'enfant, même après l'accouchement. La listéria se trouve (ô joie) dans le lait non pasteurisé, le fromage au lait cru, etc. Et malgré votre certitude sans faille quant à la fraîcheur de la viande, vous n'avez pas de loupe assez précise pour vérifier qu'en réalité, il n'y a aucun risque, alors le mieux, c'est de la cuire « à point », pour éviter tous les soucis.

L'alcool

Pareil que la cigarette ! Même si tout le monde s'arrange avec sa conscience, vous ne trouverez pas de bon médecin qui tolérera la prise d'alcool pendant la grossesse, puisque l'alcool passe du sang maternel au fœtus par le placenta. Pour un verre de vin, autant d'alcool passe dans votre sang que dans celui de votre enfant, mais proportionnellement (vu le poids et la taille), c'est incomparablement plus fort pour lui. Si un excès d'alcool provoque une quelconque anomalie, l'embryon[1] ne s'implantera pas. Pour résumer, si vous buvez trop d'alcool les premières semaines de votre grossesse et que ça se répercute sur l'embryon, alors vous ferez une fausse couche (souvent sans même le savoir).

1. On parle d'embryon jusqu'au troisième mois, soit jusqu'à ce que les premiers organes principaux soient formés.

L'ASTUCE DE MAMIE MALIGNE

La piscine ! Pas parce que c'est doux, pas parce qu'on ne sent pas son poids, non, encore mieux, parce que c'est bon pour le dos. La piscine permet de se muscler sans effort, tout en matant les maîtres nageurs en slip. Je peux vous dire que quand vous aurez pris 15 kg, votre dos devra être musclé pour ne pas vous faire souffrir.

Retrouvez la recette de boisson sans alcool qui vous rappellera vos cocktails alcoolisés préférés page 127. Oui, comme un placebo.

Saut en hauteur et Formule 1

Vous êtes du genre à kiffer les sensations fortes ? Vous êtes une Tomb Raider (sans l'affreuse natte-queue-de-cheval) ? Vous adorez sauter, faire du karting ? OUBLIEZ TOUT au premier trimestre. Pas d'art martial, pas de plongée, pas de sports cardio, pas d'équitation, pas de VTT, pas de patin à glace... IT'S OVER !

Si je voulais vraiment continuer sur les interdits, je parlerais aussi des fruits de mer, de la salive des enfants à cause du cytomégalovirus, du jaune d'œuf cru et de la salmonellose... Mais ne vous inquiétez pas, quand vous verrez un médecin pour la première consultation de grossesse, il vous informera largement des *dos & don'ts*. (Préparez-vous à avoir plus de *don'ts* quand même.)

J'ME SENS PAS ENCEINTE !

J'ai une copine qui a eu beaucoup de mal à arrêter de fumer parce qu'elle ne se sentait pas enceinte. Chanceuse, elle ne souffrait d'aucun mal, mais, effet pervers, elle ne réalisait pas et oubliait même qu'elle était enceinte.

C'est un peu comme le déni de grossesse, parfois le corps travaille discrètement pour ne pas encombrer la future mère. Je n'enviais pas forcément ma copine. Souffrir, c'est aussi prendre conscience qu'il se passe quelque chose, donc créer des liens. Maigre récompense certes, mais quand votre ventre s'arrondit et que les nausées se calment, vous ne « découvrez » pas votre état, vous avez eu trois mois pour vous habituer (bon, parfois la tête dans les w.-c...).

Ce qu'il faut, c'est le savoir, et assimiler qu'il ne s'agit que d'une période. Moi qui n'ai jamais eu une vie particulièrement saine (mais je ne suis pas Amy Winehouse non plus), je focalisais sur le fait que ces neuf mois de « meuf-qui-a-LE-comportement-qu'il-faut » ne me feraient pas de mal. C'était comme être dans la peau de Gwyneth Paltrow, vous savez, celle qui fait du yoga, qui mange bio, qui œuvre pour la planète et a fait des gosses 100 % parfaits ?

LES MAUX DU PREMIER TRIMESTRE

On ne va pas se mentir, si tout le monde (ou presque) s'accorde à dire que le meilleur trimestre, c'est le deuxième, c'est parce que le premier est quand même presque aussi chiant qu'un album de Nolwenn Leroy.

Les nausées

Nous ne sommes pas toutes égales face aux nausées. Sur une échelle de 1 à 10 en termes de pénibilité, mes 12 premières semaines de grossesse valaient un 9,5. Ma deuxième maison, c'étaient les toilettes. J'ai perdu 7 kg et j'enfermais mon mari sur le balcon parce que son parfum Armani Code me retournait l'estomac.

Les nausées et vomissements de grossesse – ou NVG – touchent 8 femmes sur 10. Elles sont provoquées par :

- l'augmentation brutale du taux de bêta-HCG ;
- le mouvement des organes qui font de la place à l'utérus (au deuxième trimestre, il fera la taille d'un melon, quand même) ;
- un odorat surdéveloppé (qui permet d'être dégoûtée par des aliments pas frais ou mauvais pour le fœtus).

Bref, tout devient prétexte à avoir envie de vomir. La majeure partie des femmes ne vomissent pas (les chanceuses), mais sont quand même « sur le point de » tous les matins. C'est parce qu'elles sont à jeun, d'où l'importance de ne pas sauter de repas, MÊME LE MATIN, quitte à manger deux raisins. Pour le reste, il existe de nombreux

remèdes ; ils ne sont pas miraculeux, sinon j'aurais lancé un business, mais aident vraiment.

LES ANTIVOMITIFS (OU ANTIÉMÉTIQUES)

Primpéran®, Nux vomica (homéopathie), etc. Ça marche sur certaines. Il faut demander à son médecin et tester.

LE BOL D'AIR

Prendre un bon bol d'air frais aide. Mais on ne vit pas toutes sur une falaise en Bretagne... Je me rappelle quand même à quel point prendre de grandes inspirations en me concentrant sur ma marche m'aidait. Promenez-vous dès que vous le pouvez, en évitant les heures de repas (et les odeurs de cuisine du McDo) et le marché (où l'on passe des poissons aux tripes en 2 mètres).

LE BRACELET DE MARIN

Sur moi, ça a bien marché. Ce bracelet d'acupression pratique une pression sur un point spécifique des poignets (le F6, appelé « Nei-Kuan ») et soulage les troubles liés au mal des transports. Ça fonctionne aussi pour la nausée, promis, j'ai testé.

L'EAU CITRONNÉE

C'est une astuce de ma copine Julia, qui se préparait son litre d'eau au citron qu'elle sirotait au moindre écœurement, et qui m'a garanti que ça lui avait sauvé quelques rendez-vous. Déconseillé aux filles sensibles de l'estomac.

L'ODEUR MENTHOLÉE

Ça, ça marchait très bien avec moi, mais vérifiez, avant d'acheter du baume ou des macarons mentholés, s'ils sont compatibles avec votre état.

LA VUE

Elle a aussi une emprise sur les nausées (parfois, regarder *Top Chef* était une véritable épreuve). Les aliments sains (pensez « légers »), type salade fraîche du marché, crudités, fruits, sont plus indiqués qu'une caille au foie gras (de toute façon, on n'a pas le droit au foie gras, gna gna gna).

LE GINGEMBRE

L'intérêt du gingembre dans la diminution des symptômes a été reconnu par l'OMS s'il est consommé avec modération. Râpez du gingembre frais et laissez les lamelles infuser dans un mug d'eau bouillante. Quand l'eau atteint une température acceptable, buvez cinq gorgées de la boisson.
Bluffant !

La fatigue

Quel est le lien entre une femme enceinte en T1 et un adolescent de 14 ans qui déteste ses parents ? Ils ont en commun ce que l'on pourrait appeler « la fatigue de vivre ». Être épuisée à ce stade-là, c'est NORMAL.
Se coucher tôt, faire des siestes : ce n'est pas votre truc ? Vous allez devoir vous y faire !
La grossesse, c'est aussi ça, et il ne faut pas lutter contre (de toute façon, ce n'est pas vous qui allez gagner).

L'ASTUCE DE MAMIE MALIGNE

Les vitamines. La plupart des médecins en prescrivent au début de la grossesse. Encore faut-il y penser... Une fois sur deux, je les oubliais, alors je me rattrapais en mangeant des légumes crus pleins de vitamines (la vitamine C meurt à la cuisson). En revanche, je ne conseille pas les fruits comme les agrumes pour des raisons d'aigreurs évidentes. Vive les carottes !

La clé – pour la fatigue comme pour le reste –, c'est de lâcher prise. Vous êtes fatiguée ? Dormez. Quitte à apporter un coussin au boulot et à passer votre pause déj aux toilettes avec. Vous avez faim ? Mangez ! Vous avez envie de vous acheter cet adorable sac en cuir qui coûte un bras ? Achetez. Vous êtes enceinte, vous avez le droit !

BONUS : Tenez-vous-le pour dit !

Le surmenage accroît les risques de fausse couche, vous avez donc une excuse en béton pour quitter votre taf à 18 heures et aller boire un Coca Light[1] avec vos copines (être heureuse ne fait que du bien à votre bébé).

1. L'Agence européenne de sécurité alimentaire a déclaré que l'aspartame n'était pas contre-indiqué durant la grossesse.

Les aigreurs

Elles apparaissent parfois dès les premiers mois ; elles s'effacent ensuite pour mieux rappliquer en fin de grossesse (T3). Contrairement aux nausées, on trouve en pharmacie des produits ULTRA-efficaces contre les aigreurs. En dosettes individuelles ou en cachets, vous en aurez toujours sur vous, même si, pour l'instant, vous n'en ressentez pas le besoin (vous me remercierez plus tard par un chèque à l'ordre de Mademoiselle Navie !).

La gestion des humeurs

Gérer les maux physiques est quand même plus facile que de gérer les maux psychiques. On a toujours plus de compassion pour quelqu'un qui a l'appendicite que pour quelqu'un qui est dépressif. Et même si l'excuse des hormones est entendue par votre entourage, vous savez pertinemment que vos sautes d'humeur dignes d'une psychopathe de téléfilm vont finir par les gonfler, donc : ACTION !

LA DIVISION

Non, ce n'est pas un complot contre vous. J'en ai fait l'expérience et sachez que, quand on est enceinte, on surréagit. Pour connaître votre légitimité à vous énerver (et présenter des excuses... ou pas), divisez par deux votre réaction. Si, après division, vous êtes encore énervée, alors là, rentrez dans le tas !

L'astuce de la division est bonne à la fois pour les femmes susceptibles et pour les femmes enceintes. Vous vous sentez agressée ? Quelqu'un vous agace en voiture, l'infirmière vous a prescrit une prise de sang parce qu'elle veut s'assurer que tout

PETIT POINT SUR LES HORMONES

• La progestérone, c'est ELLE la fautive, la garce, qui nous fait être heureuses puis pleurer dans la cuvette !
La progestérone est l'hormone produite en masse par notre corps et qui nous rend vulnérables. Vous êtes susceptible ? Vous vous sentez agressée dès qu'on vous dit quelque chose ? « Oh, ton ventre commence à se voir, hihi » se transforme, à cause de la progestérone, en : « Tu es une grosse truie informe. » Et comme elle ne fait pas les choses à moitié, elle nous réveille aussi la nuit parce que notre vessie est pleine (l'influence des changements hormonaux entraîne un dérèglement au niveau de la vessie, qui veut se soulager, même à moitié vide). À la fin, on se réveille tellement qu'on a l'impression d'avoir un sommeil fragmenté. Et, c'est bien connu, mal dormir nous rend d'humeur joyeuse...

• Les endorphines sont hyper-gentilles, c'est un peu comme une drogue, mais en naturel. Notre corps en sécrète pour nous empêcher d'avoir mal et, globalement, pour qu'on se sente bien. Le problème, c'est qu'il faut attendre le troisième trimestre (quand vous en aurez le plus besoin) pour qu'elles agissent.

• Le cortisol est l'hormone qui permet à l'homme de survivre en milieu hostile, on l'appelle « l'hormone du stress ». Le taux de cortisol d'une femme enceinte est plus élevé et il a un effet direct sur l'enfant (effet sur la cognition, par exemple) ; c'est pour cela que l'on doit aussi éviter toute forme de stress. Tout se calme au troisième trimestre.

est OK et vous avez l'impression qu'on vous cache quelque chose ? Les hormones et la fatigue sont passées par là et vous n'êtes plus clairvoyante, alors vous devez vous calmer avant de répondre.

LE YOGA

Oui, je sais, le yoga ressemble à un remède fourre-tout pour tous les maux psychologiques, pourtant, le yoga est un peu le caviar de la femme enceinte. Non seulement il permet de préparer le corps en douceur à l'accouchement, mais en plus il permet de travailler la respiration qui, si elle est maîtrisée, vient à bout de toutes les pensées négatives et stressantes. Choisissez un cours adapté aux femmes enceintes, il y en a partout en France.

LES PLEURS

Tous les médecins vous le diront, garder ses émotions pour soi est mauvais. Le stress maternel prénatal (SMP) peut influer sur le développement cognitif, comportemental et physique de l'enfant.

Le lien est fort entre grossesse stressante et stress de l'enfant. Disons surtout que c'est le mantra que je me répétais enceint et il m'a aidée à lâcher prise. S'autoriser à pleurer, gratuitement, pour se vider et redémarrer, est une étape clé du lâcher-prise.

QU'EST-CE QUE C'EST ? QU'EST-CE QU'IL A ? QUI C'EST, CELUI-LÀ ?

Comme vous pouvez le constater, votre corps subit de GROS changements, donc ce n'est pas le moment de vous prendre la tête : sachez que vous aurez bien le temps de réfléchir à toutes les questions ci-dessous en T2 et T3.

- Aurais-je une place en crèche ?
- Est-ce que ça fait mal, un enfant de 3,5 kg qui passe par... là ?
- Est-ce qu'il faut que je commence à acheter des fringues ?
- Comment on va l'appeler ?
- Vais-je allaiter ?
- Pourquoi je ne le sens pas ? Il est fainéant ?
- Est-ce qu'il sera beau ?
- Les cours d'accouchement sans douleur, c'est maintenant ?
- Quel nom de famille portera-t-il, si on n'est pas mariés ? (Votre enfant peut porter les deux noms. Quant à l'ordre, c'est à vous de le décider.)
- C'est une fille ou un garçon ?
- Faut que mon mec le reconnaisse, non ?
- Faut que mon mec m'épouse, non ?

- Est-ce que je prends un congé parental ?
- C'est quand, les bébés nageurs ?
- Est-ce que je dois manger mon placenta, comme Kim Kardashian ?

RAPPEL DES QUESTIONS QU'IL FAUT RAPIDEMENT SE POSER

- Pouvons-nous accueillir un enfant dans cette maison/cet appart ?
- Où vais-je accoucher et qui va me suivre pendant ces neuf mois ?
- Est-ce que je suis pas en train de prendre trop de poids (voir p. 64) ?

MONEY, MONEY, MONEY

Un bébé ne coûte pas forcément un rein, mais vous verrez que, naturellement, quand c'est le premier, on croit que le mieux, c'est le plus cher. Autant vous dire que le troisième, lui, se coltine le reste de ses aînés. Nous parlerons d'argent tout au long du livre, puisqu'il peut être un vecteur de stress puissant. Surtout quand on voit le prix des poussettes... Mais rassurez-vous, il existe des solutions économiques (voir p. 148). Cependant, se constituer une cagnotte dès le premier trimestre est un très bon réflexe. Tous les verres non bus, toutes les clopes non fumées, tous les sushis non commandés peuvent être mis de côté. La douloureuse le sera beaucoup moins au final.

Funny facts !

Il faut savoir regarder le bon côté des choses ; oui, je recommence avec mon histoire de verre plein. Il y a des tas de jolies choses qui arrivent au premier trimestre.

- Ce premier trimestre se termine en beauté, avec l'annonce à la famille et aux amis. Ce sont des moments forts, alors n'hésitez pas à tous les faire chialer en préparant des surprises. Envoyez un chausson aux grands-parents : « Vous avez neuf mois pour compléter la paire. » Donnez rendez-vous à votre meilleure amie pour un peu de shopping. Emmenez-la chez Petit Bateau et dites-lui : « Je pense que je voudrais que ce soit toi qui lui offres son premier body. » Des moments de joie comme ceux-là, il faut les préparer.
- Vous pouvez commencer un carnet. J'étais contre au début, et aujourd'hui, je suis bien contente de lire : « 7 mai, 8 h 10 : j'ai senti comme un truc, comme un serpent, en plus doux, bouger. Si ça se trouve, c'est lui, et si ça se trouve, c'est mon repas de la veille. Ce que je sais, c'est que j'ai envie de pleurer tellement c'est bizarre. »
- Vous pouvez mettre des fringues de catin, bientôt, vous n'entrerez plus dedans. Vous avez trois mois pour user jusqu'à la corde vos vêtements préférés... Le jean de grossesse taille élastique n'est pas si loin.
- Vous pouvez tester de nouvelles positions du Kama Sutra. Le sexe doit continuer et ce, tout au long de la grossesse. Mais je ne trahis pas un secret des dieux en vous apprenant qu'avec un ventre de la taille d'un ballon de foot, même une gentille levrette est compliquée. Sans parler de la difficulté de l'homme à « oublier » cet enfant qui se dresse fièrement

entre vous deux. Mais pendant le premier trimestre, on peut y aller !

- Vous pouvez profiter de ce que ça ne se voit pas encore pour faire comme si de rien n'était, ce qui inclut : continuer à vous faire draguer (dès l'apparition de votre ventre, votre charisme sexuel se prendra une méchante baffe), ne rien changer de vos habitudes (elles auront bien le temps d'être perturbées), vous prévoir des vacances pour le deuxième trimestre, voire le début du troisième trimestre (vous aurez encore le droit de prendre l'avion).

Alors non, ce n'est pas méga-funky, tout ça, c'est vrai, mais heureusement, tout ne vous concerne pas ou ne vous concernera pas. Ce qu'il est bon de noter toutefois, c'est qu'il existe presque toujours une astuce pour contrer les désagréments et que, souvent, tout s'arrête miraculeusement au deuxième trimestre !

PETIT BONUS : LE SAVIEZ-VOUS ?

- **Au 3e mois, votre utérus ira jusqu'à vos abdos (beurk).**
- **Votre bébé a des yeux et ils sont à la bonne place en semaine 14 (avant, c'était un peu Picasso).**
- **Il a ses premiers poils.**
- **Il bouge (mais il a la taille d'un Snorky, alors vous ne le sentez pas).**
- **Ses mains et ses pieds sont dessinés.**
- **Il pèse 65 g en fin de trimestre (il est donc plus léger que la bague en diamant à laquelle vous aurez droit quand vous aurez enfin accouché !).**

INTERLUDE #1

LES PLUS ET LES MOINS

Soyons honnêtes, de la même façon que je ne peux pas affirmer haut et fort que j'ai détesté TOUTE ma grossesse, sachez que même celles qui se sont épanouies au cours de leurs neuf mois ont aussi trouvé certains maux plus pénibles que d'autres.

Il y a autant d'avis sur la grossesse que de femmes enceintes, mais en posant la question autour de moi, quand je préparais le guide, j'ai pu observer une tendance assez amusante : nous sommes toutes finalement un peu schizophrènes ! J'adore, mais un peu, et pas trop longtemps. Les femmes enceintes sont des toupies aux avis qui changent toutes les semaines au gré de l'humeur, des saisons et des hormones.

Ci-dessous, les réponses les plus courantes de mes copines et d'inconnues sur les réseaux sociaux à la question :

« Qu'est-ce qui vous a plu et déplu pendant votre grossesse ? »

GROS PLUS	GROS MOINS
Avoir de gros seins.	Avoir mal aux seins.
Être chouchoutée comme une princesse.	Être traitée comme une handicapée.
Avoir une belle peau.	Avoir la peau sèche.
Sentir des coups de pied.	Sentir des coups de pied dans ma vessie.
Ne plus faire la queue.	Sortir devient pénible à la fin.
Mon mec qui me touche le ventre.	Mon mec qui ne me touche plus que le ventre.
Avoir de beaux cheveux.	Savoir que je vais perdre mes cheveux par poignées.
Faire la sieste quand on veut.	Dormir autant qu'un dépressif.
Manger sainement.	Manger sainement.
Me coucher tôt.	Me réveiller à 2 heures, puis 3 heures, puis 5 heures.
Que tout le monde me trouve belle.	Que tout le monde me trouve belle avec 20 kg de plus.
Acheter plein de fringues mignonnes pour mon enfant.	Ne plus rien m'acheter pour moi.
Prendre le temps de faire les choses.	Voir mon cerveau amputé de 50 % de ses capacités.
Me dire que je vais être maman.	Me dire que je vais être maman alors que je ne sais pas faire.
Avoir le droit de faire mille caprices.	Ne pas avoir le droit de faire ce que je veux.
Les gens qui me donnent de bons conseils.	Les gens qui me donnent leur avis.
Avoir un gros ventre.	Ressembler à un culbuto.
Être bombardée de questions.	Qu'on me demande si je vais allaiter et autres questions très perso.
Imaginer le parfait mélange entre mon mec et moi.	Imaginer que mon enfant ressemblera peut être à ma belle-mère.

LE COMPORTEMENT AGAÇANT DE VOTRE ENTOURAGE

Ou comment ne pas faire un carnage

Enceinte, vous verrez que votre entourage – et parfois même les inconnus – s'improvise pédiatre, gynéco, sage-femme, pédopsychiatre, haptonome… père-la-morale-de-merde.

Et ne croyez surtout pas que c'est une spécialité réservée aux personnes d'âge mûr… Si seulement ! Tout le monde va y aller de son petit avis : vos copains trentenaires célibataires, les gamines de 15 ans qui n'ont pas encore les seins qui tombent, la gardienne de votre immeuble… Tous auront des choses à vous dire sur la grossesse en général, la vôtre en particulier, et comment la mener à bien.

Quand ces charlatans ne vous prodigueront pas de conseils avisés sur la « meilleure position pour ne pas faire souffrir l'enfant », ils iront de leurs petites anecdotes et phrases chocs qui retentiront encore dans votre tête des années après avoir mis au monde votre précieux.

Tout le monde le sait, enceintes, les femmes sont plus fragiles nerveusement et sont donc parfois contrariées, en colère, déprimées par les remarques des autres. Ces mots lancés de façon anodine (ne croyez pas que les gens vous veulent tous du mal) sont responsables de beaucoup de stress et, on ne le dira jamais assez, dans votre état, il faut savoir rester zen.

Inconnus, famille, proches, potes… vous racontent des horreurs et vous traitent différemment ? Il est temps de prendre le contrôle, vous n'allez pas passer neuf mois à ronger votre frein ! (C'est pas bon, un frein.) Comment réagir, comment ignorer, comment répondre à ces médecins/psy de comptoir qui balancent des : « Moi, je serais toi, je ferais/dirais/demanderais [insérer un conseil que vous n'avez pas demandé] » ? Je vais essayer de vous aider !

MAIS POURQUOI ?

Je ne pense pas, contrairement à Voltaire, que l'homme naît mauvais, je suis plutôt de l'avis de Jean-Jacques Rousseau (l'homme, en grandissant, devient con, en gros). J'ai longuement réfléchi aux raisons qui poussaient les autres à nous sortir exactement ce que l'on ne souhaitait pas entendre, au pire moment qui soit ! Essayons de comprendre pourquoi la femme enceinte suscite les bavardages malvenus.

DU VÉCU !

Pour ce chapitre, j'ai fait appel aux principales intéressées : les femmes enceintes. À partir d'une simple question Facebook : « Racontez-moi quelle phrase, ou quel comportement, vous a irritée pendant votre grossesse ? », les résultats furent édifiants du point de vue des anecdotes (souvent similaires), mais surtout de leur nombre. J'étais loin de me douter que même la plus parfaite des mamans de mon entourage avait eu envie de casser les dents d'un ami suite à une remarque déplacée. Merci à elles de m'avoir autorisée à utiliser leurs expériences. J'ai conservé leurs prénoms et ceux de leurs enfants (au cas où ça vous donnerait une idée, sait-on jamais).

Les gens sont maladroits

Je déteste cette excuse ! Ça me rappelle toujours quand l'ex de mon mec m'envoyait des grosses vacheries et que lui (mon chéri, donc), pour dédramatiser, me répondait : « Non, elle ne le fait pas exprès, elle est maladroite. » Je n'ai jamais cru en sa maladresse à elle, mais force est de constater que moi-même, je fais régulièrement des grosses bourdes. Donc, rendons-nous à l'évidence : toutes les personnes ne sont pas forcément conscientes que, parfois, la furie hormonale en cours dans le corps d'une femme enceinte la fragilise et ainsi dénature ses réactions. Mais la maladresse s'applique aux hommes et aux femmes qui n'ont jamais été enceintes... pas aux autres !

Les gens sont bienveillants

Parfois, donner un conseil, et globalement un avis, c'est pour le bien de l'autre. Pour montrer qu'on se soucie de la personne. On oublie alors que la personne concernée ne nous a rien demandé...

Les gens sont jaloux

Oui, c'est étonnant, mais la grossesse peut inconsciemment faire naître une certaine jalousie. Porter un enfant, c'est attirer l'attention vers soi, accomplir quelque chose que des millénaires ne nous ont pourtant pas habituées à vivre : fabriquer une vie. Celles qui sont passées par là comme celles qui ne sont pas encore mamans peuvent vous envier ce statut d'« intouchable » et se révéler être des peaux de vache.

Les gens ont peur

Une femme enceinte fait peur. Un gros ventre déformé, un être vivant qui s'y cache... Il y a des personnes que ça met mal à l'aise, voire que ça rend phobiques. Et quand on est mal à l'aise, moi la première, on sort des énormités.

Il est important de ne pas céder à la paranoïa. Comprendre les réactions que vous suscitez vous permettra de prendre du recul et d'éviter des réactions démesurées. De plus, tous les conseils ne sont pas à mettre à la poubelle. Quand votre mère vous dit : « Tu devrais prendre un bain avant de te coucher quand tu as mal au dos », elle n'est pas en train de vous expliquer que vous serez une horrible mère.

Patience, patience, bientôt vous ne serez plus le fruit de toutes les attentions. Patience... Il vous en faudra aussi pour encaisser les phrases choc.

PHRASES CHOCS

Ce ne sont pas des conseils, seulement des avis. Ils sortent de nulle part, sont dits à la légère et vous donnent l'impression qu'un camion vous est passé dessus. Mais ne vous inquiétez pas et appliquez la loi du talion : « Œil pour œil, dent pour dent ! »

Voici le témoignage de trois mamans, et des pistes de réponses pour vous aider à PRENDRE DU RECUL !

Anecdotes d'accouchement

Voilà ce que m'a dit ma cousine à trois semaines de mon terme. Sur le coup, je n'ai rien dit, mais quand j'ai eu ma première contraction, j'ai tenu mon mec par la main et j'ai pleuré en pensant que quand viendrait l'été, je ne serais toujours pas remise...

« Après mon accouchement, je n'ai pas pu m'asseoir pendant cinq mois, je chialais même pour mettre un pantalon, tu m'étonnes que je n'en ai fait qu'un ! » (Justine B., 33 ans, maman de June, 12 mois.)

Quand on est enceinte, on ne retient QUE les anecdotes horribles. Mort-né, morte en couche, épisio de 8 cm, accouchement sur plusieurs jours...

Ces événements sont tellement hors norme qu'ils nous terrorisent. « Et si j'étais l'exception qui faisait la règle ? » Bien sûr, quand une copine nous dit : « Tu verras, c'est pas si grave, j'ai accouché en trois heures, j'ai un peu douillé et après, au bout de trois jours, j'étais sortie », comme par hasard, on n'y pense pas le jour J... Trop occupées que nous sommes à imaginer la fin du monde, trop occupées que nous sommes à nous faire peur.

RÉPONSE CONSEILLÉE

« Ma pauvre, ça n'a pas dû être facile. Je comprends. »

Mais pourquoi ne pas lui rentrer dedans (c'est si tentant), me direz-vous ? Parce que quelle que soit votre technique (être positive, pleurer, etc.), elle en rajoutera des tonnes : « Moi aussi je pensais que ça se passerait bien », « Au cas où, prépare-toi au pire quand même. »

Quand une personne a connu un accouchement difficile, un petit Vietnam, elle est traumatisée. Chaque occasion d'en reparler est la bonne. Elle ne veut pas vous faire peur, elle veut RACONTER SON HISTOIRE à elle. Au mépris de vos yeux apeurés. Écoutez-la d'une oreille et souvenez-vous de deux choses :

- plus notre accouchement est loin, plus les souvenirs font place à des fantasmes (enrobés ou minimisés, selon la personnalité) ;
- ce n'est qu'UN accouchement sur les quelque 800 000 en France par an[1].

Philosophie de procréation

« "Mettre un enfant au monde, dans cette société pourrie... Moi, je ne pourrais pas." Au début, j'ai trouvé cet argument vraiment débile, en même temps, il venait d'un vague collègue de mon mari, le genre qui trouve que le monde est pourri et qui veut s'exiler en Alaska pour que "personne ne m'emmerde". Bref, je n'aurais pas dû être marquée par cela, mais, un soir, alors que j'étais devant les

1. Insee, bilan démographique 2015.

DES CHIFFRES, DES VRAIS

• Pour une primipare, la durée moyenne d'accouchement est de 12 heures, contre 6 à 7 heures pour une multipare (sachez que la péridurale ralentit un peu le travail).

• La phase d'expulsion (la plus rock'n'roll) commence par l'ouverture complète du col de l'utérus et se termine avec la naissance de l'enfant. Elle dure un peu plus de 30 minutes (soit un épisode de Friends – ça va !) pour une primipare et au maximum 25 minutes pour une multipare.

• Pour une femme de type européen, l'accouchement survient à 41 SA et 1 jour.

• 50 % des femmes enceintes ont accouché au cours de ces dernières années à l'aide d'une épisiotomie (bébé trop gros, hanches étroites, grossesse gémellaire), et elles vont bien, merci.

• 20 % des femmes ont eu une césarienne – et seulement un tiers de ces césariennes ne sont pas programmées (mais nous y reviendrons au chapitre 8, p. 155).

infos, les mots de ce type me sont revenus. Les nouvelles du monde étaient toutes plus horribles les unes que les autres (une enfant kidnappée, la guerre en Syrie, l'huile de palme…) et je me suis dit qu'il avait raison et que j'offrais un bien moche avenir à mon enfant. » (Joséphine M., 41 ans, mère de Lola, 15 mois.)

Accepter que les gens n'aient pas envie de se reproduire est important. Mais vous devez aussi faire respecter votre choix ! Les débats philosophiques sur « dans quel monde vit-on » sont sans fin, à vous de choisir si vous avez envie de couper court ou non au débat.

RÉPONSE CONSEILLÉE POUR LANCER LE DÉBAT

« C'est sûr que si je l'avais mis au monde au Moyen Âge à la suite d'un mariage forcé avec un mec qui m'aurait violée le soir de ma nuit de noces alors que j'avais à peine 14 ans, je lui aurais offert un meilleur avenir. »

Il y a moins de guerres qu'il y a un siècle, on fait attention à l'assiette de nos enfants, l'espérance de vie s'accroît chaque année, les démocraties gagnent du terrain dans le monde, le combat pour la parité est reconnu, le président de la première puissance mondiale est noir... On ne dirait pas, comme ça, mais d'un point de vue philosophique, le monde est plus beau qu'avant ! Il y a bien sur encore de grandes batailles à mener. Et nos enfants, pourvu qu'on les éduque bien,
seront plus avertis, ouverts et intelligents qu'un enfant né, par exemple, dans l'Allemagne nazie... Point Godwin[1].

RÉPONSE CONSEILLÉE POUR STOPPER LE DÉBAT

« Je suis enceinte du mec qui sauvera le monde, et sans collants. »

Simple, clair et efficace.

---

1. Le « point Godwin » est le moment dans un débat où l'on en vient à parler de la Seconde Guerre mondiale et de la Shoah... Point de non-retour, en somme.

Votre ventre/votre poids

« Je m'étais faite toute belle pour une fête, je commençais à avoir du ventre et j'en étais fière et, surtout, il y avait encore quelques potes éloignés qui n'étaient pas au courant. J'ai croisé mon ex-coloc control freak[1] *de son poids. Elle m'a dévisagée de haut en bas et m'a sorti devant tout le monde : "T'es sûre que t'es enceinte que de cinq mois ? Je suis choquée !" J'ai fondu en larmes et mon fiancé a dit que c'étaient sûrement les hormones. C'est mon pire souvenir de grossesse. »* (Sarah G., 27 ans, mère de Chloé, 3 ans.)

Aaaaah, la question du poids ! « Ça ne se voit pas. » « Ça se voit trop. » « C'est des jumeaux ? » Si vous saviez le nombre de fois où j'ai eu droit à cette question. Quand on ne sait pas quoi dire sur la grossesse, mais qu'on a quand même envie d'en placer une, le ventre focalise toutes les attentions.

RÉPONSE CONSEILLÉE SI VOUS AVEZ PRIS DU POIDS

« Oui, et mes seins ont doublé de volume, j'adooooore. »

RÉPONSE CONSEILLÉE SI ÇA NE SE VOIT PAS

« Que veux-tu, j'ai une bonne nature, la grossesse ne déforme pas mon corps et en plus, je n'aurai pas de vergetures... Je te souhaite la même chose ! »

Et, puisqu'il faudrait un roman pour venir à bout de TOUTES LES REMARQUES, voici une petite liste en vrac d'exemples et de réponses express !

---

1. Obsédée, folle, zinzin, dans le contrôle obsessionnel.

« Tes seins vont tomber ! »

■ Oh tu sais, la gravité, c'est pour tout le monde. Et puis au pire, je me paye une belle paire de seins tout neufs ! »

« Le pire, ce n'est pas la grossesse, c'est quand ils sont là. »

■ Oui, je n'ai vraiment pas hâte de fêter Noël avec mon bébé, de filmer ses premiers pas, de le voir souffler sa première bougie, de l'accompagner à l'école… QUELLE HORREUR DE VIE. »

« Mec, profite, ta femme va se transformer en mère après. »

■ Oh, t'inquiète pas pour lui, va, j'ai passé une commande de lingerie catin post-accouchement. On peut être la putain et la madone… Regarde Monica Bellucci ! »

« La fille vole la beauté de la maman. »

■ Je sais, regarde comme je suis canon, j'ai tout piqué à ma mère ! »

« Tu ne veux pas connaître le sexe ? Mais… Comment tu vas l'habiller ? »

■ Ouais, c'est vrai, du coup, j'ai prévu des talons aiguilles si c'est une petite fille et un maillot de foot si c'est un garçon. Comme ça, pas de confusion possible. »

GESTES DÉPLACÉS, CONSEILS ET REMARQUES QUI ÉNERVENT

Passons à la seconde catégorie des importuns, ceux qui te donnent des conseils !

« T'as mangé un sushiiiiiiii ? Mais t'es folle ! »

« LES BÉBÉS, ÇA SERT À RIEN AVANT 1 AN »

Ça aussi, vous l'entendrez. Mon fils a 1 an et je peux vous dire une chose : il s'est passé des choses dingues cette année. De son premier bonnet de Noël à ses premiers pas, de son premier éclat de rire à son premier « maman ». Je ne vais pas vous conter que tout a été un long parcours tranquille (on ne se ment pas sur les histoires de sommeil, colique et dents douloureuses), mais la vie est TRÈS BIEN FAITE ; il y aura de si belles choses que les désagréments seront largement compensés. C'est une relation gagnante, et ne croyez pas que vous allez vivre avec un ficus qui ne fait que pleurer et manger. De 0 à 1 an, les enfants sont FASCINANTS.

Vous connaissez les risques, mais si envers et contre tout vous décidez de vous faire plaisir avec six sushis saumon, c'est VOTRE problème (choisissez juste un restaurant japonais de confiance). Donc : *« Oui je mange un sushi, mais je viens pas de me faire un rail de coke sur la table, donc détends-toi et laisse-moi kiffer. Bisous. »*

« Tu vas allaiter ? »

Personne ne se rend compte de l'impudeur de cette question. L'allaitement a beau être le moyen le plus naturel pour nourrir son enfant, c'est un choix, pour certaines femmes, compliqué. « Est-ce que j'ai envie d'allaiter ? » est une question intime qui ne regarde que la mère (même si l'avis du père est le bienvenu, même si ce n'est pas lui qui va se faire pomper les seins pendant six mois). À cette question, répondez un sage : *« Je n'ai pas encore décidé, c'est un choix personnel »* (mais je t'enverrai un e-mail si tu le souhaites pour t'avertir de ma décision).

« Tu ne devrais pas rester au soleil, le masque de grossesse, c'est à vie, hein ! »

Non, le masque de grossesse n'est pas à vie. Vous avez le droit de prendre le soleil ; la vitamine D, c'est bon pour tout le monde. Sachez que la pigmentation de la peau est accentuée par la grossesse (surtout chez les brunettes) à cause de la production d'une hormone mélanotrope. Ces taches brunes (nez, pommettes, front) sont le fameux « masque de grossesse ». Pour le prévenir, un écran total à chaque exposition limite les effets.

TOUCHEZ MA BOSSE, MONSEIGNEUR

Quel est le point commun entre une femme enceinte de six mois et un bouton d'acné ? On les tripote sans cesse alors qu'on ne devrait pas.

Si un proche vous demande la permission, et que vous êtes OK, il n'y a pas de souci. Mais, et vous le verrez, plus le terme approchera, plus on se frottera à vous comme si vous étiez la grotte de Lourdes. Du tee-shirt « Don't touch » aux aboiements caractérisés, j'ai tout essayé, même la tactique de l'attaque. Un jour, lors d'une soirée, une fille inconnue s'est « jetée » sur moi, main en avant, pour toucher mon ventre. Je lui ai touché les seins, en les palpant. Sans un mot, elle a compris l'impudeur de son geste.

Mais en vrai, on passe toutes par là, donc n'hésitez pas à porter votre sac devant vous. Sachez aussi que votre réaction de rejet est aussi justifiée par votre nouvel instinct de louve : « N'approchez pas de mon bébé ! »

Aux États-Unis, une femme a d'ailleurs porté plainte[1] contre un homme qui lui avait touché le ventre alors qu'elle avait refusé. L'indélicat tripoteur a été condamné... Une décision que beaucoup jugent disproportionnée, mais qui prouve bien que ce problème apparemment mondial mérite qu'on le considère avec le plus grand sérieux !

1. Novembre 2013, Pennsylvanie.

Si le masque persiste après la grossesse, ce qui est tout de même rare, vous pouvez consulter un dermatologue, puisque des traitements existent pour résorber ces vilaines taches. ALORS ON DÉTEND SON SLIP !

« Profite ! »

Dans mon petit sondage Facebook, ce mot revenait tout le temps au top des conseils qu'on donne comme ça, sans vraiment comprendre ce que l'on veut dire. Profite de quoi ? Du gros ventre, des nausées, du mauvais sommeil ? Ou profite des mouvements du bébé ? D'être sans enfant pour le moment ?

« Profite », c'est un gentil mantra, mais il soulève trop de questions. La prochaine fois qu'on vous envoie une telle banalité, répondez : *« Profite toi-même ! »* (Puéril ? Oui, mais si drôle !)

Si, malgré tout, vous êtes vraiment, vraiment fatiguée d'entendre des remarques sur votre grossesse... un petit « ta gueule » n'a jamais tué personne !

LA PARENTHÈSE ENCHANTÉE

Vous êtes une vraie belle des champs, vous êtes ivre de joie… ou pas

OH, MON DIEU, mais qu'est-ce qu'il vous arrive ? Ce matin, en vous réveillant – d'un sommeil sans trouble et réparateur –, vous n'avez pas enfoncé votre tête dans la cuvette des w.-c., au contraire, vous vous êtes servi un thé parfumé et brûlant, vous avez touché votre ventre rond en regardant par la fenêtre alors qu'un oiseau voletait vers le ciel.

OH, MON DIEU, mais… ? Mais, votre peau ne brille pas ce matin, où sont vos petits boutons disgracieux ! Et ces cheveux ? Ils sont si beaux, si lumineux – *so glossy glossy*. Oh, voilà votre amoureux. Vous le trouvez canon, et votre bébé, lui aussi, vous l'aimez déjà… Avec son petit cœur qui bat vite, comme dans la partition de la *Valse à mille temps*. Ce matin, vous êtes heureuse comme si on venait de vous apprendre qu'ABBA se reformait ou, mieux, que le Big Mac était en réalité bon pour la santé.

« STOOOOP ! QUI M'A DROGUÉE ? »

Bonjour, et bienvenue dans le parc d'attractions du deuxième trimestre. La nature est curieuse ; parfois, quand on est chanceux, il pleut de l'autre côté de la rue, alors qu'au-dessus de notre tête, le ciel est bleu. C'est un phénomène météorologique classique, il y a toujours un endroit où la pluie s'arrête… Comme les nausées et autres désagréments de la grossesse, qui ont tendance à ralentir dès le 4e mois. Si on combine à cela un ventre présent mais relativement acceptable et une poussée d'hormones qui nous conduit à à regarder la vie en rose, on a le parfait cocktail de la positive attitude de Lorie !

Enfin, ça, c'est le schéma classique, parce que dans mon cas strict, c'est le moment où j'ai commencé à réaliser que le chemin était encore long, et quand les nausées se sont arrêtées, j'ai eu à nouveau envie de fumer. De boire aussi. Et de manger des sushis. Oui, je suis un peu Carrie Bradshaw (celle du pauvre – et, personnellement, je n'aurais pas choisi Mister Big).

Vous allez dire que je cherche la petite bête, mais je suis là pour ça, donc, en réfléchissant au deuxième trimestre, j'ai quand même pu relever quelques petites choses déplaisantes : paperasse, annonce officielle, premier jean de grossesse, vie professionnelle... Bien sûr, c'est vraiment chouette d'avoir moins de fourches et une place dans les transports en commun, mais la prétendue parenthèse enchantée en est-elle vraiment une ? Quoi qu'il en soit, essayons de s'en approcher le plus possible !

T'AS LE LOOK, COCOTTE

Les hommes le disent souvent – mais les hommes ne disent pas que des choses intelligentes –, les femmes ont une fâcheuse tendance à s'oublier quand elles deviennent mamans, et force est de constater qu'on connaît toutes des femmes qui ne l'ont été que jusqu'à ce qu'elles se fassent féconder. Après, elles sont devenues physiquement DES MAMANS.

Se sentir bien dans sa peau, dans son corps, dans sa tête est pour moi essentiel dans la vie, mais encore plus quand on est enceinte. Je crois que pour les femmes qui ne font plus attention à elles, parce qu'elles sont fatiguées, qu'elles travaillent trop ou qu'elles ont des enfants prenants, tout a commencé au deuxième trimestre de la grossesse. Je suis toujours attristée de voir que dans l'émission *Nouveau look pour une nouvelle vie*, les candidates sont trois fois sur quatre des « mamans en jogging ».

C'est donc peut-être le plus grand conseil d'amie que je puisse vous donner ici (alors imprimez-le et collez-le sur votre dressing) : « Se sentir bien dans ses vêtements, et donc dans son corps, c'est faire 80 % du boulot de confiance en soi... même enceinte ! »

Ne vous laissez pas aller, le deuxième trimestre ne vous aura pas !

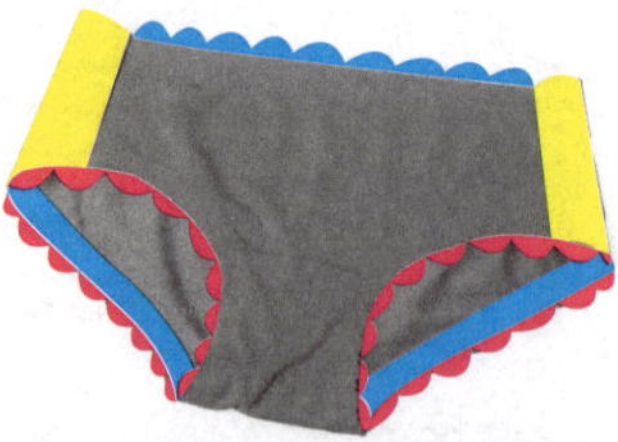

Top-modèle, taille XL

J'aime bien m'habiller. Ça tient chaud et je trouve que c'est pratique de mettre quelques centimètres de coton entre ma pudeur et les autres. De plus, la nudité n'est acceptée que sur certaines plages et autres campings antitextiles.

En France, on est maman pour la première fois en moyenne à 28 ans[1], âge auquel, généralement, on a enfin trouvé son style.

1. Insee, étude démographique 2010.

Après des années d'errance et d'essais infructueux, on sait que le bootcut, pour peu qu'on ait les fesses de JLo, n'est pas forcément pour nous, et qu'il y a une raison rationnelle pour que les bottes en cuir blanches se fassent si rares sur le marché. Bref, même si vous n'étiez pas une *fashion victim* (de toute façon, quel que soit le contexte, c'est nul d'être une victime) avant de tomber enceinte, vous aviez – comme on dit dans le métier – quelques *outfits*[1] sur mesure.

Puis, soudain, votre gros ventre est apparu comme par enchantement (enfin presque) et là, vos ANNÉES de recherche stylistique ont été piétinées.

Pour avoir de la classe enceinte, réussir à être sexy et tenter de ressembler à autre chose qu'une mémère difforme, le tout sans vendre un rein (je vous rappelle que pendant la grossesse, la fonction rénale est mise à très rude épreuve), c'est un peu un parcours du combattant. Mais rassurez-vous, j'ai fait la guerre pour vous et je vous ai dégotté trois bonnes adresses !

WWW.ASOS.FR

Les plus

- Les tendances : la collection « Maternity » suit de près les tendances mode actuelles.
- Les coupes : les stylistes d'Asos ont aussi compris qu'on prenait quelques tailles de bonnet, et il faut avouer que c'est plutôt pas trop mal adapté.

---

1. En français, *outfit* est « une tenue ». Mais tout est moins cool en français. Cool, en français, c'est « chouette ».

- Les photos font plaisir et nous font croire qu'on peut être bonne même enceinte de huit mois !

Les moins

- Les mannequins : je ne sais pas où ils ont vu que les femmes enceintes avaient des jambes qui ressemblaient à des bras de mannequins russes. D'ailleurs, le faux ventre de la jeune femme de 14 ans, placé limite sous sa gorge, est à mourir de rire.
- Adieu grandes tailles : pas de grandes tailles (au-delà du 44, parfois 46 – être enceinte et grosse, non mais ça va pas la tête ?!).

WWW.ENVIEDEFRAISES.FR

Les plus

- Le choix : très grand choix à des prix abordables.
- La box : une box à 59,99 euros avec les indispensables de la grossesse déclinés en cinq pièces.
- Des promos régulières : parce que, on ne va pas se mentir, on ne souhaite pas mettre ce genre de vêtements toute l'année.

Les moins

- La tendance : des vêtements qui n'ont pas une originalité folle.
- Adieu grandes tailles : pas de grandes tailles (au-delà du 44, parfois 46 – être enceinte et grosse, non mais ça va pas la tête ?! bis).

TALONS AIGUILLES

Les talons aiguilles sont à chasser de notre penderie et ce, dès le début de la grossesse. Je sais, je pourrais être du côté de Kim Kardashian ou Christina Aguilera qui n'ont – soi-disant – pas quitté leurs talons de 12 de toute leur grossesse... Ne les croyez pas, une photo sur un tapis rouge ne veut rien dire et, de plus, les stars passent leur temps à mentir : « Je suis encore vierge » ou : « Je n'ai pas 52 ans mais 37 ans » ou : « Je ne me suis jamais fait refaire le nez ! » ou : « Ce n'est pas une cure de désintoxication, mais un centre d'amaigrissement. »

Sachez que pendant la grossesse, les ligaments qui supportent le bas du dos s'assouplissent et s'étirent, ce qui les rend plus fins et fragiles. Quand nous portons des talons hauts, ce sont bien sûr ces ligaments-là qui sont sollicités... Gare au lumbago !

Par ailleurs, ce gros ventre qui sert de nid douillet à notre progéniture modifie quelque peu notre centre de gravité, donc notre équilibre.

En revanche, rien ne vous empêche, pour l'après-grossesse, de dévaliser les boutiques de stilettos.

N.B. : pour faire passer la pilule « sans talons », je me suis offert une paire de baskets flashy léopard. Enceinte, je vous l'ai dit, on a le droit à toutes les excentricités.

WWW.SERAPHINE.FR

Les plus

- De la tête aux pieds : des sacs, et même des ballerines tout confort et plutôt mignonnes pour celles qui souffrent du dos.
- Le chic : les vêtements, et globalement le stylisme, sont soignés ; parce qu'on a envie d'être une femme enceinte façon Jacky Kennedy.
- Le tapis rouge : oui, les femmes enceintes sortent et font la fête. Il y a, sur ce site, de quoi se rendre à la cérémonie des César à deux jours du terme.

Les moins

- Le prix : eh oui, si tu veux ressembler à Jacky Kennedy, ça a un prix ! La catégorie « Luxe » est plutôt chère, mais même dans la collection « Standard », il n'y a pas grand-chose en dessous de 60 euros.
- Adieu grandes tailles : pas de grandes tailles (au-delà du 44, parfois 46 – être enceinte et grosse, non mais ça va pas la tête ?! re-bis).

P.-S. grandes tailles : pour les femmes qui dépassent le 44, on trouve sur le site d'Asos une collection « Curve ». Si leur collection « Maternity » ne dépasse pas le 46, la « Curve » a l'avantage d'aller jusqu'au 56. Sinon, il y a La Redoute (catégorie « grandes tailles ») et Dorothy Perkins (très très joli site qui va jusqu'au 52).

Les indispensables

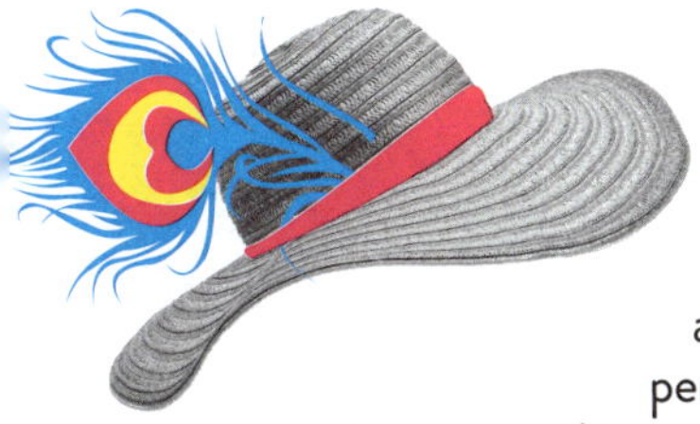

Maintenant que vous savez où vous habiller, voici la liste des essentiels qu'il vous faudra acquérir pour ne manquer de rien pendant votre grossesse. Eh oui, c'est bien gentil de savoir où acheter, mais encore faut-il savoir quoi acheter. Voici une petite liste pour ne jamais avoir à dire : « Ahhhh, j'ai rien à me mettre, je suis Moby Dick ! »

UN LEGGING

(Une taille au-dessus de votre taille classique.) Pour traîner en chaussettes à la maison, à mettre sous une tunique trop courte ou avec un long pull et un perfecto en cuir, le legging est l'allié des futures mères. Si vous avez des problèmes de circulation sanguine, il existe des leggings de contention (BEAUCOUP PLUS PRATIQUES QUE LES BAS, QUI ROULENT AUX GENOUX DEVANT TOUT LE MONDE).

DES TEE-SHIRTS, BLOUSES ET PULLS OVERSIZE

Pour ne pas être serrée. Estomac et vessie nous jouent des tours dès qu'on les contraint.

UNE ROBE PORTEFEUILLE (OU CACHE-CŒUR)

C'est la coupe préférée des femmes enceintes. Non seulement elle nous rend sexy – bonjour, Pamela Anderson –, mais en plus, contrairement aux vêtements dits « loose », elle fait habillée.

DES SOUS-VÊTEMENTS À VOTRE TAILLE

Investissement qui vaut vraiment la peine, même si les soutiens-gorge grandes tailles sont chers ; pour le dos et pour la peau, ils sont essentiels.

Je ne suis pas blogueuse mode, mais je crois qu'une femme enceinte lookée, c'est surtout une histoire d'accessoires et de maquillage. C'est le moment idéal pour tester des coiffures (bandeaux de nattes, nœuds king size), sortir les bijoux et mettre un beau rouge à lèvres. Parce qu'une bouche rouge fera toujours la différence ! Comme aurait pu le dire Coco Chanel, mais du coup, je l'ai dit avant elle.

Vous doutez encore de l'importance de vous looker enceinte ? Après tout, ce n'est pas à 32 SA que Bradley Cooper risque de vous kidnapper pour vous épouser... Certes, et pourtant, il vous faudra un ego bien reboosté pour affronter le sentiment, deux jours après avoir mis au monde la merveille, que vous êtes plus nulle, plus moche, plus méchante, plus bête que Satan et Saddam Hussein réunis. Donc, autant le gonfler tout de suite.

Votre mari louche sur vos nouvelles rondeurs, votre meilleure amie bave sur vos seins, vos collègues vous trouvent radieuse ? Servez-vous-en !

Conseils beauté parce que, ha ha ha – secouez vos cheveux –, vous le valez bien

- Achetez un pinceau dit « touche éclat » qui sert à masquer les ridules, les cernes, les rougeurs... Choisissez-le une teinte en dessous de la vôtre et ne l'étalez jamais (préférez tamponner

COLORATION

Alors qu'il vaut mieux éviter la coloration des cheveux au premier trimestre, vous pouvez à nouveau en faire au deuxième. Mais attention, évitez les couleurs de supermarché « à faire soi-même », elles sont chargées de produits toxiques (l'aldéhyde formique est très méchant), et puis on n'a jamais la même couleur que sur la boîte. Les mèches sont quant à elles inoffensives puisqu'elles ne touchent pas au cuir chevelu.

le produit). Couvrez ce qu'il y à couvrir en dépassant pour le fondre avec le reste de votre teint.

- Les crèmes antivergetures sont aussi efficaces qu'un fer à cheval pour obtenir un prêt immobilier (si seulement). Pour prévenir des risques de vergetures, pour lutter contre « la peau qui craque », il faut l'hydrater au maximum. Prendre l'habitude de se masser ne fait pas de mal, et casse la graisse. Ensuite, il ne vous reste plus qu'à prier.
- Évitez le gel douche avec savon : enceinte, on a tendance à avoir la peau plus fragile.
- Le blush est à la grossesse ce que les couettes sont à Laura Ingalls. Croyez-vous que quand on se lève six fois la nuit pour faire pipi, on a « naturellement » bonne mine ?

COMMENT TIRER PARTI DE SON STATUT DE FEMME ENCEINTE

Comme le chantaient les Monty Python, il faut toujours regarder du côté lumineux de la vie[1] et, je dirais même plus, il faut toujours savoir tirer parti de sa situation. Vous êtes enceinte et votre utérus a la taille d'une pastèque… Et alors ? Être prioritaire à la caisse du Monop', ça se paie !

Levez le pied au travail

Même si le congé prénatal (généralement 6 semaines avant le terme) ne commence qu'au troisième trimestre, il n'est pas forcément très évident de travailler quand on est enceinte. La grossesse n'est pas une maladie, mais elle empiète largement sur notre vie professionnelle. Il faut donc s'adapter à la situation.

RESTEZ ASSISE !

La station debout prolongée peut avoir des conséquences problématiques sur le développement de l'enfant[2], elle est donc à bannir. Faites appel à la médecine du travail si votre employeur n'entend pas vos arguments.

1. *Always Look on the Bright Side of Life*, B.O. de *La Vie de Brian*, Éric Idle, 1979.

2. Étude néerlandaise publiée dans *Occupational and Environmental Medicine* (juin 2012) : « Les femmes enceintes qui travaillent debout de manière prolongée et plus de 40 heures par semaine donnent plus souvent naissance à des bébés moins gros et au crâne plus petit. »

DORMEZ !

Un quart d'heure de sieste après le repas vous aidera à tenir l'après-midi. Comme vous n'avez pas le droit de vous shooter à la caféine, il est important de pouvoir recharger vos batteries. Si vous avez un bureau fermé, un oreiller et un siège inclinable feront l'affaire. Si vous êtes en open-space, réservez la salle de réunion (en accord avec votre boss bien sûr).

NE FAITES PLUS D'HEURES SUP' !

Plus facile à dire qu'à faire, surtout que la pilule passe mal auprès de vos collègues, mais dites-leur que le surmenage peut déclencher un congé pour grossesse pathologique, et donc vous arrêter plus tôt...

Laissez passer, c'est moi la reine !

LES TRANSPORTS EN COMMUN

Vous n'osez pas demander à quelqu'un de se lever pour vous céder la place, même si vous êtes dans votre bon droit ? Laissez le civisme des passagers régler le problème pour vous. Détachez votre manteau, soupirez et caressez-vous le ventre avec une petite grimace. Sachez que, par exemple à la RATP, vous êtes la quatrième personne la plus importante de la rame de métro. Avant vous, il y a les mutilés de guerre, les aveugles et les invalides. Sachez aussi que les personnes de plus de 79 ans n'arrivent qu'en neuvième position ! Bien fait !

LES CAISSES PRIORITAIRES DES SUPERMARCHÉS

Elles sont réservées en priorité aux handicapés et aux femmes enceintes (et il ne faut pas attendre que ça se voie pour en profiter). Ce passe-droit n'a pas été créé pour emmerder les autres usagers, mais bien pour faciliter la vie des femmes qui portent un enfant et sont généralement plus incommodées que les autres en station debout. Si vous n'osez pas en profiter mais que vous en avez besoin, dites-le au caissier de la caisse prioritaire au début de vos courses. Il vous laissera passer quand vous vous présenterez à sa caisse.

LES PAPIERS

Vous pensiez que vous alliez vous faire les ongles, dormir au boulot et passer devant tout le monde chez Ikea en toute impunité ? Eh non ! La grossesse, c'est du travail, et voici un petit calendrier pour vous rappeler que de la paperasse et des rendez-vous, rassurez-vous, vous en aurez !

Au 4e mois

C'est le moment où l'on avertit généralement son employeur, mais rien n'est obligatoire.

Au 5e mois : trouver un mode de garde

Quoi, déjà ? Oui, et surtout si vous habitez une grande ville. Il existe autant de modes de garde que d'ex-maris d'Elizabeth Taylor, et tous répondent à différents besoins (temps partiel, temps complet, grosse structure, garde très familiale, éducation, etc.). C'est dès le 5e mois qu'il faut se pencher sur la question et étudier TOUTES les possibilités. Ne soyez pas fermée, car si l'un de vos souhaits n'est pas accessible (par exemple : « je veux que mon enfant aille en crèche dès ses 2 mois, et je vis à Paris, et j'ai des revenus corrects » = mission impossible), vous risquez d'être déçue. Il y a du bon et du moins bon dans chaque mode.

Par ailleurs, rien n'est figé, vous pouvez commencer par une nounou, puis avoir une halte-garderie une fois par semaine, tester les maisons d'assistantes maternelles et terminer, si vous avez de la chance, avec une place en crèche avant la maternelle.

Pour toutes les démarches, il faudra vous rendre à la mairie pour remplir des formulaires (généralement des justificatifs de revenus, une lettre de motivation, le carnet de famille). Si vous avez besoin qu'on vous explique en détail les différences entre les modes de garde, allez à la PMI de votre quartier ou rendez-vous sur le site très complet de la CAF.

LES DIFFÉRENTES POSSIBILITÉS

- **Crèche parentale**
- **Accueil familial**
- **Jardin d'enfants**
- **Assistante maternelle**
- **Maison d'assistantes maternelles (très en vogue)**
- **Garde à domicile**
- **Accueil de loisirs.**

SALUT TOI...

Avec ces histoires de fringues, de papiers et de caisses de supermarché, j'en oublierais presque l'essentiel, le fruit de vos entrailles (suis-je la seule à trouver cette expression dégueu ?). Le deuxième trimestre est marqué par de très jolis moments.

• C'est la première fois que vous allez sentir votre enfant bouger (autour de 21 SA). Pour certaines, l'émotion naîtra à cette période, d'autres auront besoin d'avoir leur enfant dans les bras pour réaliser. Mais on peut toutes se rejoindre pour dire que c'est quand même une expérience démentielle que de sentir des mouvements sous sa peau.

• Vous pourrez, si vous le souhaitez et sauf bébé pudique, connaître le sexe de votre enfant. Et ça, ça met quand même les choses en perspective... surtout en ce qui concerne le prénom.

Au 6e mois

C'est le moment de vous préparer à l'accouchement sans douleur... Mais comme je ne l'ai pas fait parce que... parce que... j'avais la flemme, je laisse Marie-Sophie R., sage-femme à Paris, nous en parler.

« Chaque future maman peut bénéficier de huit séances de préparation à l'accouchement entièrement remboursées par la Sécurité sociale dès lors qu'elles sont prodiguées par un médecin ou une sage-femme. Toutes les méthodes ne sont pas forcément remboursées, alors renseignez-vous avant auprès de votre caisse d'Assurance maladie.

PETIT BONUS : LE SAVIEZ-VOUS ?

- **Votre utérus est aussi long qu'un sandwich jambon-beurre et plus gros qu'un melon (et bon appétit, bien sûr !).**
- **Votre bébé a enfin les oreilles à la bonne place (croyez-moi, vous ne voulez pas savoir où elles se trouvaient avant).**
- **Votre bébé urine... en vous... hi hi hi.**
- **Vous allez prendre 350 à 400 g par semaine pour constituer une réserve de graisse... JOIE !**
- **La peau de votre bébé est... rouge.**
- **Votre bébé pèse 870 g en fin de trimestre (c'est pour cela que vos organes se déplacent dans tous les sens, pour lui faire de la place !)**

Ces séances sont particulièrement recommandées aux primipares pour les aider à gérer le stress et les angoisses de l'inconnu. Elles pourront poser des questions, recevront des conseils pratiques (positions, astuces, gestes) mais aussi théoriques. Mon petit conseil est d'éviter les cours où il y a trop de monde. Pour cela, choisissez des séances en dehors des heures de pointe : fin de matinée et fin d'après-midi. »

INTERLUDE #2
LES QUESTIONS TABOUES QU'ON SE POSE

Ah oui, c'est bien joli, les guides de grossesse, les copines complices, les maris à l'écoute... Mais a-t-on vraiment envie de partager avec eux nos pensées les moins politiquement correctes ? Se voit-on, alors qu'on est censée être au comble de notre bonheur, craquer parce qu'on n'a qu'une peur, c'est que notre fille ait l'affreux nez de notre vieille tante ?

Plutôt que de vivre dans ces angoisses, mieux vaut les affronter pour les chasser. J'ai fait appel à une autre mère pour cet interlude, une femme sage, trois grossesses, un brushing impeccable et une réponse à tout : ma mère !

« Est-ce que je vais aimer mon enfant autant que j'aime mon mec ? (Non, parce que vraiment, je l'aime comme Anita aime Drazic) »

Cette question est longtemps restée taboue ; après tout, 50 années de féminisme ne peuvent rien contre une programmation biologique qui a cours depuis des millénaires. Une mère, par je ne sais quel miracle du Saint-Esprit, DOIT aimer son enfant et être heureuse de le porter. Douter n'est pas permis. Du coup, il est difficile d'admettre en public qu'on a peur de moins aimer son enfant que son mari. C'est dire s'il a fallu du courage à Adriana Karembeu pour admettre, quelque temps après son mariage avec le joueur de football Christian Karembeu, qu'elle ne savait pas si elle pourrait un jour partager cet amour (pour son mari) avec un autre[1]. Même si, dix ans plus tard, elle revient sur ses propos en expliquant qu'elle se sent désormais prête, je me souviens d'avoir été très surprise qu'elle assume ainsi sa position. Cette déclaration avait quelque chose de politique.

Et pourtant, c'est souvent l'amour qui nous unit à notre mec, un amour profond, bien ancré, qui nous donne envie d'avoir un enfant. Et nous avons probablement raison d'avoir des craintes en faisant cet enfant, car il va venir perturber un équilibre qu'on chérit. Trouver quelqu'un avec qui on a envie de faire sa vie n'est pas évident (*cf. Le Journal de Bridget Jones, Crime et Châtiment, Roméo & Juliette*, ou encore les statistiques sur le nombre de divorces).

Si je connais au moins une dizaine de filles qui se sont posé la question, aucune d'elles ne m'a dit qu'elle n'avait pas fini par adorer son enfant. C'est venu le jour de l'accouchement, ou parfois plusieurs mois après, mais elles ont TOUTES fini par envisager le petit être humain qu'elles portaient comme le fruit de leur amour, et ça, c'est aussi fort que de tomber amoureux ou de gagner une enchère sur eBay. Ce sont d'ailleurs les mêmes qui aujourd'hui me disent : « Quand je rentre le soir, je n'ai qu'une hâte, retrouver ma petite famille. À trois, on est encore mieux qu'à deux. » Oui, oui... je confirme.

---

1. Closermag.fr, 04/07/13, interview où elle revient sur son divorce (on a les références qu'on a, ne me jugez pas).

Ce que ma mère répondrait : « L'amour ne se divise pas, il se multiplie. »

« J'ai peur d'avoir fait une connerie. »

Responsabilité d'une vie, contrainte financière, temps qui manque, sacrifices… La liste des aspects contraignants de la maternité est longue. J'ai pourtant l'impression qu'il est totalement normal de s'interroger sur le fait de fonder une famille. Mais la question est plutôt : « Est-on jamais prête à avoir un enfant ? » Eh oui, il faut une part d'insouciance pour se lancer dans l'aventure, une folie qui nous permet de croire que quoi qu'il arrive, on y arrivera. C'est comme le mariage, ce n'est joli que parce qu'on souhaite croire envers et contre tout ce que la société nous dit, qu'on est capable d'aimer la même personne jusqu'à la fin de notre vie. Et puis, faire un enfant, ça a encore quelque chose de romantique. Et en vrai, c'est le cas. On mésestime nos forces, car on est toujours plus prompte à juger nos faiblesses. Oui, vous saurez vous occuper de votre enfant ! Pourquoi nous serions-nous entraînées sur les Tamagoshi, sinon ?

Alors, quand le doute montre le bout de son nez, je vous conseille de faire un tour chez Petit Bateau pour regarder les minicirés jaunes et les minuscules body taille naissance… Vos hormones répondront seules à votre question.

Ce que ma mère répondrait : « Douter est le propre d'une mère. »

« Je ne suis pas sûre d'être une fille très maternelle. Je tue régulièrement mes plantes. »

Vous savez, cette fille qui aime les bébés, celle qui a su changer une couche à 14 ans, celle qui, dès qu'un bébé est dans ses bras, le calme, cette fille qui illustre pour vous parfaitement l'« instinct maternel »... Eh bien, cette fille est une exception, et plus les générations passeront, plus la parité et l'égalité hommes/femmes gagneront du terrain et plus on aura l'impression qu'on n'est « plus » faites pour être mères parce qu'on n'aura pas fait de la famille notre priorité.

Sachez que ledit « instinct maternel » fait l'unanimité chez les scientifiques, puisque, biologiquement, cet instinct n'existe pas ! Il n'y a rien d'inné dans le concept d'amour, et la fibre maternelle se construit (ou pas) en chaque femme.

Pour ma part, je pense que l'instinct maternel est une création de l'homme visant à conforter la femme dans son rôle divin de « mère ». Et quelle plus belle preuve que nous sommes faites pour nous occuper d'un enfant que de nous faire croire que nous avons été fabriquées avec un gène spécial « changement-de-couches-amour-bonté-et-patience » ?

Malheureusement, un tel gène n'existe pas. Je ne nie pas qu'il existe des liens particuliers entre un enfant et sa mère, mais d'une part ils sont le fruit d'une cohabitation de neuf mois et, d'autre part, s'ils ne sont pas entretenus par la suite par la mère, ils ne subsistent pas longtemps.

Et heureusement, sinon le père n'aurait qu'un second rôle !

Ce que ma mère répondrait : « On ne naît pas père ou mère, on le devient le jour où on entend le premier cri de son enfant. »

« Est-ce que je vais voir s'il est moche ou pas ? »

Aaaah, de l'importance du physique dans notre société ! Rassurez-vous, on passe toutes par cette question, et je pense qu'on a toutes le sentiment que « nous », on saura être objectives et reconnaître que notre enfant est laid. Sauf que, pour juger du physique de quelqu'un de la façon la plus objective qui soit, il faut n'avoir ni attente, ni lien. Manque de chance, pour votre propre enfant, vous aurez les deux !

Sachez déjà que si vous passez par un accouchement par voie basse, le physique de votre enfant aura un peu morflé. Un nouveau-né est une pâte à modeler, il lui faut quelques jours pour se remettre en ordre. Il peut même parfois avoir des yeux au beurre noir.

De plus, les nourrissons ont régulièrement :

- de l'acné ;
- la peau marbrée ;
- des érythèmes ;
- le millium (des petits points blancs) ;
- des croûtes de lait (des croûtes dans les cheveux) ;
- la peau qui desquame (qui pèle).

Alors, effectivement, votre enfant ne sera pas aussi joli qu'un enfant de 5 ans propre et souriant sur une photo de classe. Je crois en revanche que sous le coup de l'émotion, on peut le trouver laid, ou être impressionnée, ou le trouver au contraire plus beau qu'il ne l'est. Mais la vraie question serait plutôt : « Est-ce que c'est important qu'il soit beau à deux jours de vie ? » Je ne fais pas intervenir ma mère sur le sujet, elle trouve tous les enfants beaux.

« Que ressent mon enfant quand j'ai un orgasme ? Dites-moi qu'il dort ! »

Vous êtes suffisamment au courant pour savoir que les rapports sexuels ne gênent pas le fœtus, et qu'il n'est pas incommodé par vos galipettes, même si votre époux s'appelle Rocco. En revanche, ce qu'on n'ose pas demander, c'est s'ils ressentent nos orgasmes. Et là où ça devient compliqué, c'est quand on apprend que OUI, c'est le cas !

Vous remarquerez que, après un orgasme, votre enfant fait un véritable tourbillon dans votre ventre. Moins il a de place, plus il donne de coups de pied post-coïtaux. C'est parce qu'il est ivre d'ocytocine, l'hormone du plaisir, comme vous d'ailleurs. Mais il l'est de la même façon quand vous riez ou dégustez votre plat préféré.

Beaucoup de femmes prennent plus de plaisir sexuel pendant la grossesse. On peut attribuer cela aux hormones, à la sensibilité accrue de toute la zone génitale, et aussi au poids que le bébé exerce sur le vagin et qui le rend donc plus réceptif.

Ce que ma mère répondrait : « Tant que le sexe va, tout va. »

« Je rêve qu'on me programme une césarienne. Suis-je une mauvaise mère ? »

La tradition voudrait qu'accoucher par césarienne ne soit pas vraiment un accouchement, puisqu'on n'expulse pas l'enfant de nous-mêmes. La tradition voudrait qu'il soit plus naturel pour un enfant de passer par le vagin que d'être extirpé d'un ventre par les doigts habiles d'un médecin. Et pourtant, à quelques jours du terme, vous vous prenez à rêver d'une césarienne indolore et programmée... !

Il n'y a pas d'accouchement idéal, mais il est vrai que celles qui ont envie de souffrir sont rares. Victoria Beckham, qui a demandé à quatre reprises des césariennes, a d'ailleurs eu droit au délicieux sobriquet « *too posh to push*[1] ». De Britney Spears à Gwyneth Paltrow en passant par Claudia Schiffer, c'est comme si la peur de la souffrance se résolvait avec la césarienne. Pourtant, l'opération n'est pas sans risques et les complications sont possibles, comme dans tout acte chirurgical, et en plus la remise en forme n'est pas moins longue. On reste d'ailleurs plus longtemps à l'hôpital, la cicatrisation prend plus de temps... et on n'est pas exemptée de rééducation périnéale non plus.

Ce que ma mère répondrait : « Il faut faire confiance aux médecins. »

---

1. « Trop snob pour pousser. »

CONSEILS EN VRAC POUR ÉVITER LES ERREURS

Et éviter de se pourrir la vie

Les multipares ont toujours une longueur d'avance sur les primipares. Logique, elles ont déjà à leur actif au moins une grossesse et le recul nécessaire pour éviter de refaire les mêmes erreurs. Elles portent d'ailleurs sur les primipares le même regard que vous portez sur votre nièce Jessica, 17 ans, qui trouve que tous les mecs sont des bolosses...

Avouez que si on vous donnait l'occasion de revivre vos 17 ans, si on vous offrait une seconde chance pour refaire votre lycée, tout ne se passerait pas comme la première fois. Non seulement vous n'auriez pas les mêmes notes, mais en plus vous seriez subitement la fille la plus hype et cool de la classe (« Non, mais le jean boyfriend, ça va arriver en force »), la plus détendue du slip (« Mes parents peuvent m'engueuler, dans dix ans, ils m'avoueront qu'en vrai, ils s'en foutaient de mes bêtises »), et je suis sûre que le garçon de vos rêves, celui qui ne vous voyait que comme une bonne copine, tomberait dans vos draps en moins de 5 secondes... C'est ça, le pouvoir de l'expérience.

Je suis ici pour vous aider à traverser la grossesse, qui n'est pas toujours la meilleure amie de la femme. Et si vous n'aimez carrément pas cet état, sachez qu'arriver à éviter un maximum de contrariétés est un grand pas vers l'épanouissement. À défaut d'une grande expérience ou d'une famille de sœurs qui ont toutes eu plusieurs enfants, ce chapitre va vous aider à faire le point sur les erreurs à ne pas commettre. À votre nièce Jessica, vous lui diriez : « pas de texto en état d'ébriété », « pas de taille basse et de string », « pas de ballerines un jour de pluie », « pas de tatouage coup-de-tête » et, enfin, « pas de statut Facebook hurlant à la Terre entière qu'elle n'est qu'une merde »... À mon tour de jouer la tatie cool avec ces commandements bien utiles.

S'inscrire trop tard à la maternité, s'obliger à suivre TOUS les cours préparatoires, regarder les émissions sur les hôpitaux d'enfants... Servez-vous des erreurs des autres pour vivre votre grossesse plus tranquillement que vos prédécesseuses.

N'ÉCOUTEZ PAS LES AUTRES

N'écoutez que moi !

Oui, je vous le rabâche, notamment au chapitre 3, mais j'insiste. N'écoutez les autres que d'une oreille pour éviter de vous polluer l'esprit avec cette idée que vous n'êtes pas comme il faut ou que vous ne faites pas comme il faut !

NE PRÉPAREZ ~~RIEN~~ PAS GRAND-CHOSE AVANT LE 8E MOIS

Ça, c'est l'une de mes plus grandes erreurs. J'avais tellement envie que mon fils voie le jour que j'ai commencé à faire sa chambre en août. Il est né en novembre... Et, pour être absolument honnête, j'avais surtout hâte de jouer à « décore ta maison de poupée » dans cette grande pièce vide.

Non seulement j'étais pressée de lui faire la chambre de ~~ses nos~~ mes rêves, mais en plus je m'étais convaincue que je serais plus tranquille « quand tout serait nickel ». Sauf qu'au 1er septembre, tout était monté, rangé, lavé, prévu, et que je n'avais plus rien à faire que de passer la main sur mon ventre en soupirant d'ennui. Comme une princesse, quoi.

Petits conseils

TRIMESTRE 1

Économisez de l'argent.

TRIMESTRE 2

Commencez à repérer en ligne et en boutique l'esprit que vous voulez donner à la chambre du petit. Le site d'épinglage de photos en ligne Pinterest est PARFAIT. L'inscription est gratuite, et vous créez des albums (dits « boards ») que vous remplissez de photos d'inspiration glanées çà et là sur le Net. Mon conseil : tapez « chambre d'enfant » et « *kid room* » (les tags sont plus fournis en anglais), et copiez honteusement toutes les Martha Stewart[1] de la déco enfantine. Il y a quelque chose de rassurant à se nourrir de toutes ces belles images : c'est la preuve que bon goût et enfant peuvent aller de pair. En presse, les magazines *Doolittle* (qui est vraiment drôle, et cool, et malin, et branché – comme moi, oui), *Milk* (beau et chic) et *Bubble Mag* (bien mignon) sont mes préférences à moi, comme le chante le tremblant Julien Clerc.

TRIMESTRE 3

Mois 1 : achetez.

Mois 2 : aménagez et rangez.

Mois 3 : peaufinez en mangeant et en buvant du jus de fraise (ou du vin – oh, ça va, je rigole).

---

1. Papesse de la décoration outre-Atlantique qui a su faire de son hobby, la décoration, un empire financier. Elle a même fait de la prison pour fraude fiscale... Mais elle a des goûts très sûrs (si on aime les rubans et les bougies parfumées).

Mère Lessive

Ne sous-estimez pas le temps que prendront le lavage et le repassage de TOUT ce qui va être en contact avec la peau du nouveau-né : linge de lit, serviettes de toilette, vêtements, langes...

On lit partout des avis divergents sur les lessives ; du coup, j'ai enquêté comme Bernard de La Villardière au cœur de l'industrie des lessives pour glaner tous les conseils utiles, et surtout éviter de faire bouillir les body tachés parce que « ça tue les microbes ».

POURQUOI NE PEUT-ON PAS PRENDRE UNE LESSIVE CLASSIQUE POUR LES VÊTEMENTS D'UN NOUVEAU-NÉ ?

La peau d'un bébé est immature, fine et donc super-sensible. Elle peut être irritée et devenir rouge. C'est pour cela que les dermatologues préconisent des lessives douces, qui minimisent les risques d'allergies et évitent les frottements avec la peau. Certains composants contenus dans les lessives traditionnelles sont très irritants, alors on lit ce qui est écrit sur le bidon et on bannit :

- les agents alcalins (bouuuuh) ;
- les colorants (bouuuuh) ;
- les parfums chimiques (bouuuuh) ;
- les azurants optiques (bouuuuh).

Y A-T-IL UN SIGLE OFFICIEL « SPÉCIAL BÉBÉ » ?

NON ! Il n'y a pas de sigle de qualité répondant à ce critère. Il faut que vous choisissiez une lessive avec une mention « hypoallergénique », ce qui veut dire qu'elle a été testée par des dermatologues sur des personnes à la peau ultra-sensible ! Attention, la mention « testé dermatologiquement », qui ne concerne que les risques d'irritations, n'est pas assez « sûre » pour la peau des bébés.

QUELLES SONT LES DERNIÈRES PRÉCAUTIONS D'USAGE ?

- Respectez à la lettre les indications de dosage : s'il y en a trop, ça ne lavera pas « plus », en revanche le linge ne sera pas suffisamment rincé.
- Si votre machine possède une option « rinçage net », utilisez-la. Le temps de rinçage est important et il permet d'éliminer les derniers résidus de lessive.

Voilà, vous êtes calée en lessive.

Ma mère m'avait dit qu'il fallait que je repasse tous les vêtements secs, pour « tuer les derniers microbes », mais ma mère est espagnole. Je l'ai fait bien sûr, mais parce que je ne voulais pas d'un bébé chiffonné. Rassurez-vous, j'ai dû, en un an, repasser trois fois les vêtements de mon fils. À la guerre comme à la guerre.

Ce qu'il faut essentiellement retenir ici, c'est qu'on se garde ce moment lingerie qui fleure bon l'adoucissant (naturel exclusivement) pour la FIN du dernier trimestre. Sinon, vous allez vraiment vous tourner les pouces et devenir dingue (filez au chapitre 7, si vous ne me croyez pas !).

PRÉOCCUPEZ-VOUS DE VOS DROITS ET DÉMARCHES

Évitez de demander à vos amies ce qu'il faut faire, combien vous allez toucher et quelles sont les démarches pour obtenir des aides. Pour peu qu'elles aient loupé des étapes, accouché il y a plus de cinq ans, ou qu'elles aient un foyer fiscal ne dépendant pas de la même tranche, la différence variera du simple au double.

Les démarches

LA PRIME À LA NAISSANCE

Accessible aux femmes enceintes, elle est versée sous conditions de ressources. Pour faire la demande, il vous suffit d'envoyer votre déclaration de grossesse à la CAF dans les 14 premières semaines de grossesse. Si vous n'êtes pas allocataire, il vous faudra remplir les formulaires Cerfa n° 11423*05 et Cerfa n° 10397*15 (non, vous n'êtes pas dans *Les 12 Travaux d'Astérix*). Votre dossier sera étudié à votre 6e mois[1].

1. Au 1er janvier 2017, la prime s'élève à 923,08 euros.

LA PRESTATION D'ACCUEIL DU JEUNE ENFANT (PAJE)

Ah ça, vous allez en entendre parler, de cette fameuse Paje[1], et vous serez quand même heureuse de vous dire qu'en France, nous sommes plutôt chanceux avec les aides qui nous sont allouées quand on décide de fonder une famille. L'allocation de base est versée à pratiquement toutes les familles (sauf si vous vous appelez Liliane Bettencourt), tous les mois, jusqu'aux trois ans de votre enfant. Elle est d'environ 150 euros. Si vous choisissez un temps partiel pour vous occuper de votre enfant, vous aurez aussi droit au Complément du libre choix d'activité. Ce complément concerne également les parents qui emploient une assistante maternelle agréée ou une garde à domicile. En rentrant de la maternité, envoyez l'acte de naissance à la CAF pour lancer les démarches.

LE REVENU DE SOLIDARITÉ ACTIVE

L'arrivée d'un enfant est un changement de statut qui, parfois, donne lieu à un recalcul en votre faveur. C'est le cas du revenu de solidarité active. Vous pouvez simuler vos droits sur le site de la CAF.

LA CRÈCHE

La préinscription se fait au cours de la grossesse, à six mois de grossesse révolus pour la plupart des mairies. Il faut confirmer l'inscription après la naissance. En France, 50 enfants sur 100 obtiennent une place en crèche, mais les critères de sélection

1. À ne pas confondre avec les paGes, ces serviteurs noirs de la Renaissance qui accompagnaient les nobles dans leurs mondanités pour leur donner un côté « exotique ».

sont très flous, 40 % des crèches ne les donnant pas[1] ! (Si ça se trouve, ils sélectionnent parfois au PHYSIQUE, on ne sait pas !)

ASSURANCE HABITATION

Je vous conseille de préparer les différentes lettres que vous devrez envoyer à la naissance de votre enfant, et comme je suis ultra-sympa, voici un modèle tout prêt pour l'assurance habitation (vous n'êtes pas tenue, en revanche, de prévenir votre propriétaire).

CHER ASSUREUR CHÉRI,

Par la présente, nous vous remercions de bien vouloir noter la naissance de notre fils/fille : ...., né(e) le ...., à .... dont vous trouverez ci-joint un extrait d'acte de naissance.

Nous vous remercions de bien vouloir ajouter notre fille/fils dans les membres de la famille bénéficiant des garanties multirisques habitation (référence xxx).

Merci de bien vouloir accuser réception de ce changement. Veuillez agréer bla bla bla...

La gestion de ses rendez-vous... comme si on gérait une start-up de 1 million d'euros

Votre temps, c'est de l'argent. « Je me suis arrêtée de travailler un mois avant mon accouchement et pourtant, j'ai

1. Rapport annuel de l'Observatoire de la petite enfance, commandé par la CNAF en 2012.

eu l'impression de n'avoir aucune vraie journée à moi (ou très peu) », me racontait mon amie Sophie. La faute à qui ? Aux rendez-vous ! Sage-femme, gynécologue, obstétricien, diabétologue, médecin du sommeil (ça arrive parfois)...

Il ne faut jamais accepter les horaires qu'on nous propose sous prétexte qu'on a du temps parce qu'on est enceinte !

Sachez qu'il existe un créneau maudit, le « 11 heures-16 heures ». Vous pouvez être sûre, si vous êtes programmée dans ces eaux-là, que vous allez perdre votre journée à attendre, attendre, attendre... Si les salles d'attente étaient géniales, les journaux à jour et le distributeur de collations adéquat, peut-être n'auriez-vous aucun problème à attendre votre tour. Mais quand on se retrouve à 17 heures en train de lire pour la cinquantième fois la rupture entre Lady Di et le prince Charles du seul *Paris Match* qui traîne... il y a de quoi être énervée, et là, vous allez comprendre pourquoi on fait de la tension quand on est enceinte.

Mon conseil ? Les heures d'ouverture et de fermeture. Être la première ou la dernière garantit une attente minimale. Le matin, le médecin est généralement à l'heure, et le soir, il est tellement pressé d'en finir qu'il expédie les patients trop lents.

Les deux options vous permettront de ne pas perdre votre journée, et on ne vous dira jamais assez de profiter de votre temps libre (pour aller au cinéma seule, par exemple).

NE FAITES PLUS LES COURSES !

Plus haut, je vous expliquais qu'il ne fallait pas TOUT préparer trop tôt. Mais je vous déconseille tout autant la queue chez Ikea au 8e mois un dimanche après-midi. Non seulement il y a rarement plus d'une caisse prioritaire, mais en plus les gens « hurlent » en vous demandant ce que vous foutez là.

L'expérience Ikea, bien que grisante, est épuisante et, à tout instant pendant ce 8e mois, vous pouvez accoucher. Donc, sauf si votre fantasme est de mettre au monde votre héritier sur une table Krūnďinkå à 59,99 euros, mieux vaut éviter les grands magasins bondés la veille de votre accouchement.

Privilégiez les courses en ligne, elles peuvent même s'avérer de vrais bons plans pour les futures mamans. Les petits génies du marketing ont compris que les femmes enceintes étaient sensibles au discours « les courses sans effort ». Ils ont donc développé pour cette juteuse cible le business « maman », avec produits adaptés, programmes de fidélité et réductions. C'est le cas par exemple d'Intermarché, de Hourra (Auchan en ligne) ou encore de Casino (et beaucoup d'autres enseignes).

Sachez qu'avoir un enfant vous changera. Plus jamais vous ne pesterez contre les journaux gratuits promotionnels, vous les utiliserez même. Pour la première fois de votre vie peut-être (c'est mon cas), vous vous servirez des promotions par packs (couches, produits de parapharmacie, etc.). Que voulez-vous, c'est aussi ça, devenir mère.

Rassurez-vous cependant, un bébé coûte un rein, mais un rein, c'est moins cher que le loyer d'un 4-pièces dans le centre de Paris ! Filez voir mes calculs page 124, je vous ai fait des budgets types !

NE VOUS FAITES PAS PEUR !

Pendant neuf mois, vous ne pourrez RIEN cacher à votre enfant, ni vos commérages entre *bitchs*, ni vos cachotteries à votre mec, ni vos mensonges à votre banquier. Il entendra TOUT ! Vous poussez un *ouf* de soulagement en imaginant qu'en même temps, il n'en gardera aucun souvenir et qu'il ne comprendra rien ? FAUX !

Les émotions traversent le placenta et se manifestent à différents niveaux : rythme cardiaque, ouïe et... goût !

Sachez que le palais de votre fœtus est plus fin que celui d'un adulte. Il a plus de papilles, donc il note avec joie (ou pas) chaque modification de goût du liquide amniotique. Et la joie, l'euphorie ou la peur sécrètent des hormones qui influent sur ce liquide.

Que dire de la peur, et plus globalement du stress, qui peuvent venir de là où on ne les attend pas ? Par exemple quand vous êtes en voiture, ou bien tranquillement installée devant *Paranormal Activity* un soir de pleine lune. Non seulement l'angoisse augmente notre rythme cardiaque, mais en plus elle trouble la sérénité du bébé. C'est comme si vous bronziez sous le soleil californien et qu'en l'espace d'un clin d'œil, on vous parachutait, en maillot de bain bien sûr, sur une plage de Dunkerque en novembre.

En fin de grossesse, on évite donc les films d'horreur, mais aussi les jeux vidéo, les séries de zombies... sauf si on a dépassé son terme !

ACHETEZ UN COUSSIN D'ALLAITEMENT, MÊME SI VOUS N'ALLAITEZ PAS

Le coussin d'allaitement est le seul achat fait sur un coup de tête et qui m'a ENTIÈREMENT donné satisfaction. Je ne pensais vraiment pas en avoir besoin, puisque j'avais choisi de ne pas allaiter. Au début, j'étais rebutée par la laideur de l'objet. Une espèce de boudin entouré d'un tissu aux motifs hasardeux (non, je ne trouve pas que le vert pomme, le marron et le fuchsia sont des couleurs qui s'harmonisent dans la joie). Je suis allée à la pharmacie et j'en ai choisi un sombre et uni. On m'avait dit que c'était très bien pour dormir.

La note, 70 euros, m'a un peu calmée, cependant j'en avais pris un déhoussable (j'ai été maligne). Il en existe à partir de 30 euros, mais le mien avait un bourrage de microperles remplies d'air qui permettaient une flexibilité totale de la bête. Et, oh mon Dieu ! dans quelle position je l'ai mise, la pauvre bête !

Pendant la grossesse

Vous le savez peut-être déjà (courage), mais dormir à partir de la fin du deuxième trimestre est aussi simple que la résolution d'une équation à trois inconnues après quatre mojitos. On cherche notre position, on se retourne, on a des points de tension.

Une fois le coussin glissé entre les jambes, il s'occupe de « porter » votre ventre, et donc la vie, pour vous (pratique)... Et là, votre dos vous dit MERCI ! Certes, vous aurez l'impression de dormir avec une troisième personne (donnez un petit nom à votre coussin, pour la convivialité).

Parlez-en à votre ostéopathe, ce genre de coussin est miraculeux.

Vous pouvez aussi vous en servir en position assise, quand le dossier du canapé est très mou.

Le jour de l'accouchement

Certaines maternités conseillent d'apporter le coussin pour le séjour. Il faut dire, et c'est surtout le cas des hôpitaux publics, que l'équipement n'est pas très confortable (mais en même temps, c'est pas les vacances non plus), et comme vous aurez votre ventre de grossesse encore pour quelques jours, il vous servira encore la nuit. De plus, le coussin permettra de soulager vos bras quand vous donnerez le sein ou le biberon à votre enfant. Surtout pour l'allaitement, où le démarrage peut être long, c'est bien d'être soutenue.

Après la grossesse

Donner le biberon, caler l'enfant comme dans un petit transat, poser son plateau-repas, son ordinateur... Un an et demi après, je REFUSE de vendre Pablo (mon coussin chéri).

ÉVITEZ DE REGARDER DES VIDÉOS D'ACCOUCHEMENT

Par masochisme, par curiosité, voire même par envie irrépressible, vous souhaitez regarder des vidéos d'accouchement. C'est une envie saine, vous voulez tout simplement anticiper le jour J, et aussi vous mettre à jour comme un élève qui bachote le bac français. *A priori*, je n'ai rien contre, sauf que les accouchements sont uniques. Alors oui, une césarienne est une « opération chirurgicale qui consiste à extraire le fœtus par incision de la paroi abdominale et de l'utérus, quand l'accouchement est impossible par les voies naturelles ». Et, oui, « un accouchement par voie basse est l'acte médical par lequel un médecin ou une sage-femme vous aide à mettre au monde un enfant[1] »... Mais selon que vous ayez des contractions douloureuses ou pas, un col résolument fermé ou presque effacé après seulement une demi-heure de travail, que vous soyez venue trop tôt à la clinique, selon

1. Larousse.fr, définitions de « césarienne » et « accouchement ».

la largeur de votre bassin, vos antécédents, le poids de votre enfant, votre préparation, votre anxiété, votre plan d'accouchement…, rien de ce que vous verrez ne ressemblera à votre accouchement. Au contraire, cela peut même vous causer des traumatismes.

Prenons l'exemple de *Baby Boom*, la série de docu-réalité diffusée depuis 2011 sur TF1[1]. Quand j'étais enceinte, j'aimais pleurer devant les histoires merveilleuses qui finissaient toujours bien à la maternité de Poissy. Bon, en réalité, mis à part mes hormones qui me transformaient en téléphage dévoreuse des pires programmes qui soient (des *Picards au Mexique* en passant par les séries de réalités cryptées), je regardais aussi cette téléréalité pour espionner les autres parents. Le problème, c'est qu'ils ont filmé un cas où la maman souffrait le martyre pendant qu'on lui posait une péridurale (en vrai, elle était célibataire, avait 19 ans et était terrorisée). Et, allez savoir pourquoi, le jour de mon accouchement, quand l'anesthésiste est venu, j'ai repensé aux cris de cette jeune femme (qui avait ensuite expliqué en interview qu'elle

1. Shine France Productions.

avait paniqué parce qu'étant mère célibataire, elle avait peur d'accoucher seule).

Donc, si on pouvait éviter de se paniquer, ce serait pas mal.

Après, il y a certaines personnes que l'inconnu angoisse et qui veulent tout savoir... Celles-là adoreront mon chapitre 8 !

Désorganisation, peurs, angoisses... Voilà ce qui gâche la fête et qu'il ne faut pas inviter pendant votre grossesse. Détendez-vous et n'oubliez pas :

- Si vous souhaitez vraiment profiter du soleil radieux plutôt que d'aller à votre dernière classe de préparation à l'accouchement, faites-le ! Vous n'avez plus 17 ans, vous faites ce que vous voulez !
- Ne plus sortir de chez soi alors qu'on n'est pas alitée est une erreur fréquente qui pollue une fin de grossesse. Souvent, on ne sort pas parce qu'on se trouve grosse. Alors sachez que, oui, vous êtes un peu plus grosse qu'avant, mais qu'en dehors de Karl Lagerfeld, ça fait une belle jambe à tout le monde.
- Évitez de compter les jours jusqu'à la délivrance, c'est la chose la plus déprimante qui soit (ça, et la Formule 1 le dimanche après-midi quand on est enfant, qu'il fait froid et qu'on vit en appartement).

COMMENT GÉRER LES FRUSTRATIONS ?

Et éviter de tout dégommer !

« Frustration : la frustration est une réponse émotionnelle à l'opposition. Liée à la colère et à la déception, elle survient lors d'une résistance perçue par la volonté d'un individu[1]. » Oui, c'est un sentiment que vous allez ressentir régulièrement pendant neuf mois.

Oscar Wilde disait, lui : « Je peux résister à tout, sauf à la tentation. » Laissez-moi vous dire qu'Oscar Wilde aurait fait une piètre femme enceinte. Neuf mois, neuf longs mois sans ce qui nous tient parfois le plus à cœur : nos addictions ! Neuf mois d'abnégation et de dévotion totale à faire grandir en nous notre futur enfant… booooring.

Dit comme ça, oui, ça a quelque chose de joli, mais dans les faits, la frustration est mère de l'aigreur, de la tristesse. Elle provoque du stress et de l'amertume. Car, finalement, la grossesse, c'est faire passer les besoins et les envies de votre enfant avant les vôtres. Il paraît que ça s'arrêtera quand la progéniture aura atteint l'âge de 40 ans… JOIE !

Imaginez une fêtarde, mondaine, fumeuse, qui mange du poisson cru tous les midis, adore les dégustations de vin, la bonne chaire, le fromage, le saucisson, les œufs au plat. Imaginez sa vie, enceinte ! Et imaginez-la faire aussi avec du diabète gestationnel (petit bonus) qui l'empêche de manger toute forme de sucre… et parfois même du pain et des pâtes. Eh bien cette femme, c'est moi (et beaucoup d'autres), et je peux vous dire que quand en plus de devoir vous débarrasser de vos sales habitudes, vous devez faire un régime alors que votre bébé, par télépathie vicieuse, vous envoie des images de camembert

1. Source : Wikipédia.

rôti au lait cru… vous rencontrez, tel un marcheur tibétain en quête de spiritualité, celle qui sera votre meilleure amie pendant votre grossesse : la patience.

Alcool, tabac, gras, sucre, viande rouge, sport… Pour le bien de votre petit, vous devez renoncer à tout ce que vous aimiez. Heureusement, il existe quelques subterfuges et astuces pour contrer les frustrations. Ouf !

L'ALIMENTATION CONTRÔLÉE

« Je m'en fous, j'ai le droit de manger pour deux, hihi. »

Aaaah, la jolie idée ! Ça serait tellement chouette, si ce n'était pas une illusion populaire inventée par les femmes enceintes pour se déculpabiliser. Si nous pouvions manger pour deux sans conséquences, croyez-moi, je serais enceinte TOUTE MA VIE.

Malheureusement, c'est faux. Non seulement on ne peut pas manger pour deux[1], mais en plus il faut soudainement s'alimenter sainement pour apporter à l'enfant, et à notre corps mis à rude épreuve, tout ce dont ils ont besoin pour fonctionner. Souvent, vous entendrez : « Il ne faut pas manger pour deux, mais deux fois mieux, hihihi. » Ne frappez pas la personne qui vous retire le Big Mac de la bouche, elle n'y est pour rien.

1. En fin de grossesse, quand nos besoins énergétiques sont au maximum, ils sont 15 % au-dessus de nos besoins habituels. On est loin du double.

Fruits, légumes, viande, poisson, féculents, produits laitiers... Votre assiette de femme enceinte va ressembler à une campagne du ministère de la Santé à elle toute seule. Souriez, vous entrez dans le camp des stars californiennes !

LES FEMMES ENCEINTES ET LEURS ENVIES

Aucun scientifique n'a pu encore clairement prouver le lien entre les envies de grossesse et les besoins nutritionnels de la femme enceinte, mais les réponses suivantes, elles, justifient nos « nouvelles envies ».

• Les hormones modifient la perception du goût des aliments, ce qui peut expliquer le soudain intérêt vers des plats qu'on n'aimait pas avant.

• Le corps serait aussi capable de distinguer ses nouveaux besoins et donc d'envoyer des messages clairs pour que la femme les comble. Les envies de fraises, par exemple, pour les vitamines, le chocolat pour le magnésium... Comme j'avais envie de camembert rôti, je me demande bien ce que voulait me dire mon corps, mais bon.

• Et enfin, il ne faut pas oublier le rapport affectif que nous entretenons parfois avec la nourriture : le sucre, qui rappelle souvent l'enfance, fait office de valeur refuge quand on n'a pas le moral.

Les raisons ne sont donc peut-être pas scientifiques, mais en tout cas logiques. Et s'il n'y a aucune contre-indication, mieux vaut suivre ses envies.

Comportement alimentaire de la femme enceinte idéale (celle qu'on a du mal à blairer)

Elle fait quatre repas par jour, avec un très bon petit déjeuner.

Elle varie ses plats.

Elle limite les boissons sucrées.

Elle mange cinq fruits et légumes par jour.

Pas évident de rivaliser, surtout quand vous êtes plus habituée aux fast-foods qu'aux magasins de légumes bio.

D'ailleurs, je vais vous déculpabiliser un peu sur le sujet. Consommer bio n'est pas, jusqu'à preuve du contraire, meilleur pour la santé. En 2003, l'Afssa (Agence française de sécurité sanitaire des aliments) a mené une étude pluridisciplinaire aboutissant à ce constat. Si les bienfaits écologiques de la culture bio sont indéniables, les produits n'ont en revanche pas de valeurs nutritives supplémentaires. De plus, la teneur en pesticides des fruits et légumes non bio n'atteint pas les limites maximales de résidus autorisés et ne présente donc aucun danger pour la santé.

Comment gérer ses mauvaises habitudes alimentaires ?

Croyez-moi, après votre accouchement, vous aurez déjà assez de choses à gérer pour penser en plus à votre silhouette alourdie par neuf mois d'anarchie alimentaire. Aussi, dites-vous dans un premier temps que mieux vous mangerez, plus votre enfant sera en bonne santé et plus vous serez tranquille après.

Il faut donc écouter son corps, mais pas le petit diable qui veut vous faire manger n'importe quoi pour les mauvaises raisons. Car si la grossesse explique bien des maux, certains étaient là avant, peut-être même avant que vous rencontriez le père de vos enfants. Ils sont simplement soudain exacerbés par votre nouvelle condition.

Exemple : *« J'ai très envie de manger ce POT DE PÂTE À TARTINER EN ENTIER. »*

Croyez-vous sincèrement que votre corps vous réclame du magnésium et de la noisette pour que votre enfant grandisse ? Non. La plupart du temps, on mange sans faim quand :

- on s'ennuie ;
- on est stressée ;
- on a besoin de réconfort.

L'ennuie, ça s'arrange très vite. Par exemple, vous pouvez décider qu'au lieu de manger, vous allez lécher les vitrines des boutiques en ligne en quête de la tenue que vous allez vous offrir quand vous aurez perdu tous vos kilos de grossesse. C'est une très bonne motivation.

Si vous êtes stressée, sachez que la compensation par la nourriture est comme un pansement sur une jambe de bois. Non seulement il ne résoudra pas votre problème, mais en plus vous aurez des kilos en trop. Plutôt que de trouver une compensation, mieux vaut essayer de trouver la raison de ce stress.

LE DIABÈTE GESTATIONNEL

Il intervient quand l'insuline (l'hormone qui permet de réguler le taux de sucre) n'arrive plus à faire son job, donc quand le taux de sucre devient trop élevé. Les risques pour le bébé et la maman sont nombreux (macrosomie, tension, excès de liquide amniotique). Au cours du 6e mois, la plupart des médecins prescrivent un dépistage pour s'assurer que vous n'en souffrez pas.

J'ai eu un diabète gestationnel, et le régime drastique auquel il faut s'astreindre n'est pas évident à gérer mais, de mon expérience :

– remplacez tout ce qui est « sucre raffiné » par du blé complet (pâtes, pain) ;

– l'eau citronnée (si vous ne souffrez pas d'acidités gastriques) aide à contrôler l'appétit ;

– UNE FOIS PAR MOIS, autorisez-vous à craquer sur une pâtisserie sucrée qui vous fait envie. Ça n'aura rien de dramatique si vous contrôlez votre taux et que vous faites des repas sans sucre avant et après. Cette soupape a été mon salut pour ne pas devenir zinzin face à toutes les privations ;

– pour celles qui ont de l'insuline et qui sont fatiguées de prendre leur mal en patience, je leur conseille un truc de grand-mère qui marche aussi quand on est soumise à un régime médical : SE BROSSER LES DENTS ! Oui, ça peut paraître bizarre, surtout à 17 h 40, mais non seulement votre bouche, vos papilles sont stimulées, mais en plus vous vous retrouverez avec un sourire « tapis rouge » à la fin de votre grossesse.

Le réconfort, c'est à votre mari, votre meilleure amie, votre amant... ou qui que vous souhaitiez, de vous l'apporter. Non seulement le Nutella® ne fait pas de câlins, mais en plus il tache !

L'ASTUCE DU SODA

Pendant la grossesse, quand j'avais des compulsions, je buvais un soda *light* sans caféine. Il faut cependant faire attention à limiter son apport quotidien en aspartame, une étude danoise de 2010 ayant fait un lien entre le risque d'accouchement prématuré et la consommation régulière d'aspartame. L'Anses (Agence nationale de sécurité sanitaire) estime de son côté qu'une consommation de 40 mg/kg n'est absolument pas dangereuse pour la santé (une canette même une fois par jour, n'est donc pas dangereuse).

L'ASTUCE DU BONBON

Si vous avez une forte envie de sucre, privilégiez les bonbons durs que vous pouvez sucer longtemps et qui rassasieront votre envie sans causer de trop gros dégâts sur votre silhouette.

Comment manger au restaurant ?

Question délicate quand on sait que la listériose se transmet par des aliments mal cuits ou des produits au lait cru et qu'une salmonellose se niche dans les œufs crus, et que la mousse au chocolat, la pâte à crêpes, la mayonnaise..., tous sont faits à base d'œufs crus. Qu'ajouter à ça ? Les aliments mal lavés, le mercure dans le poisson... Alors comment avoir confiance et manger dehors ? Comment être sûre de ne prendre aucun risque ?

Quand on est enceinte, on n'a pas le droit de boire, notre vie sociale est en berne, mais EN PLUS on n'aurait pas le droit de sortir ?

FAUX !

Vous devez sortir, au contraire : je ne le répéterais jamais assez : PROFITEZ-EN ! Mais soyez prudente, choisissez des restaurants que vous connaissez bien (et à qui vous pourrez préciser vos recommandations agaçantes de femme enceinte), et choisissez des plats sans risque :

- poulet-frites-haricots verts ;
- colombo de poulet ;
- tagliatelles aux noix de Saint-Jacques ;
- brochette d'agneau et soufflé de pommes de terre.

Le Web regorge de recettes et de conseils pour choisir des plats 100 % « sécurité ». Effectivement, ce n'est pas le moment idéal pour tester ce petit restaurant qui vient d'ouvrir et qui n'inspire pas forcément confiance... Peut-être que votre enfant vient de vous éviter une intoxication alimentaire, qui sait ?

CONFIANCE !

On dit souvent que les nausées et l'odorat développés sont les « armes » naturelles de la femme enceinte. Écoutez ce que votre corps et votre instinct ont à vous dire et, si vous soupçonnez un aliment, faites-vous confiance !

LES MOUVEMENTS CONTRÔLÉS

Ce qui ressort des petits sondages que j'ai pu faire autour de moi pour préparer ce livre, c'est que l'une des grosses frustrations de la grossesse est de ne plus avoir la liberté de ses mouvements. On prend plus de 10 kg ; je ne sais pas si vous visualisez ce que représente un sac de 10 kg, mais c'est du coup assez normal d'être essoufflée au bout de deux étages. La rétention d'eau, les maux de dos, autant se l'avouer, le corps est loin d'être une machine de compétition dans ces moments-là. Et pour peu qu'on ait gardé son âme d'hyperactive, la grossesse apparaît soudain comme un handicap.

Remplacez le sport par le sport

Tous les sports sont loin d'être conseillés. Vous pouvez pour l'instant bannir :

- le ski ;
- le vélo ;
- les sports de combat ;
- l'équitation ;
- la plongée ;
- l'endurance ;
- le rugby (ha ha ha) ;
- le roller (ha ha ha bis).

Pour résumer, tous les sports de contact, avec risque de chutes, et les efforts trop intenses sont déconseillés. Toutefois, le sport demeure important pendant la grossesse. Il permet de travailler le souffle (activités cardio-vasculaires), il aide à prévenir la prise de poids et à maintenir une alimentation équilibrée, et il permet une meilleure rééducation périnéale après l'accouchement (ce qui pour moi est un argument MASSUE !).

MES CONSEILS

- Marchez une demi-heure par jour (mais ça, c'est finalement facile, car quand on cumule aller chercher le pain, retrouver une copine au café, aller à la maternité, faire les cent pas dans une salle d'attente, faire les magasins..., ça donne bien plus de 30 minutes de marche). Pour vous aider, achetez un podomètre.
- Nagez ! La natation, c'est un peu LE sport favori des futures mères, qui voient leur poids allégé dans l'eau et leur dos soulagé.
- Faites de la gymnastique (excepté l'aérobic et la musculation) : étirements, stretching..., il existe de nombreux cours pour les femmes enceintes, le plus à la mode en ce moment étant le cours dit de « gym ballon ». Il faut reconnaître que les vertus de ce sport sont bluffantes. On peut se muscler à la fois les bras, les cuisses et les abdominaux, et aussi se masser le dos. Vous trouverez des tas de tutoriaux en ligne, mais demandez quand même à votre sage-femme de vous montrer quelques mouvements de base, puisque le ballon permet aussi de soulager les contractions le jour J grâce à des mouvements de rotation. Faites en sorte de

choisir un ballon anti-éclatement (*Burst Resistant Quality*) et qui soit adapté à votre taille (ils varient de 45 à 65 cm – prix moyen : 15 euros).

Sachez par ailleurs que si vous n'êtes pas une sportive dans l'âme, vous n'allez pas commencer à l'être pendant votre grossesse. Vous n'êtes pas aussi naïve, n'est-ce pas ? En revanche, dites-vous que le sport se cache aussi dans votre quotidien.

- Faites le ménage, mais évitez quand même de vous shooter aux produits ménagers, d'essuyer un lustre depuis un escabeau ou de porter des gros vases remplis d'eau.
- Riez, vous préviendrez ainsi les maladies cardio-vasculaires, boosterez votre système immunitaire, chasserez le stress et renforcerez votre paroi abdominale. Donc, deux ou trois épisodes de *How I met your mother* tous les jours, c'est un peu du sport, parfaitement.
- Faites du sexe ! Eh oui, le sexe est bon pour tout pendant la grossesse, même pour le moral, puisqu'un orgasme vous droguera mieux que n'importe quel plat interdit !

Que faire quand on n'a plus le droit de bouger de son lit

C'est l'un des plus grands cauchemars des femmes en début de grossesse : imaginer devoir rester alitée pendant de longues semaines. Des mois sur un canapé, mon Dieu, quel enfer !

Une crainte qui ne se réalise que pour un faible pourcentage de femmes. Mais le fait est que vous allez passer plus de temps sur votre canapé que d'habitude. Surtout en fin de grossesse.

Quoi qu'il en soit, quand ça arrive, on a l'impression d'être prisonnière de son corps.

Alors, comment tirer avantage de la position horizontale ? J'ai exploré trois pistes pour vous, différentes de celles qu'on voit dans les magazines et qui me font toujours penser que les femmes ne sont bonnes qu'à apprendre à faire à manger, se maquiller ou faire du scrapbooking.

(Ces conseils valent aussi pour les femmes qui se demandent comment occuper leurs journées de congé maternité.)

ÉCRIRE UN LIVRE

Quoi ? On a le droit d'être ambitieuse ! Vous savez, on a toutes des projets un peu fous qu'on planque derrière des « si j'avais le temps ». Eh bien justement, vous en avez, donc si votre rêve est d'écrire, ou d'apprendre le dessin, ou de monter une entreprise... vous en avez l'occasion ! Posez vos idées sur le papier, faites des recherches, montez un blog... Donnez-vous le sentiment que vous avez une activité professionnelle. Non seulement vous aurez des choses à raconter le soir à votre mec – autres que « les voisins écoutent Dalida à 16 h 09 tous les mercredis, c'est fou, non ? » – et en plus, qui sait, vous aurez peut-être l'idée du siècle ?

DEVENIR UNE GEEK

Internet, quelle merveilleuse terre des possibles, de créativité, d'informations qui filent à la vitesse de la lumière. Vous étiez à la traîne ? Je peux vous dire que vous allez pouvoir rattraper votre retard. Chuck Norris, Pedobear, Nyan Cat, Rick Roll... Vous ne comprenez aucun des mots précédents ? Filez sur les sites de 9gag, Reddit ou Buzzfeed.

Vous pourrez aussi, si vous n'êtes pas déjà accro, jouer à des jeux vidéo. Cependant, comme je vous l'expliquais au chapitre précédent, il vaut mieux éviter le stress, donc tout ce qui est « course contre la montre » est à bannir. En revanche, de Candy Crush® à Tétris® en passant par Angry Birds®, amusez-vous !

DEVENIR CINÉPHILE

Vous allez aussi pouvoir récupérer votre retard sur les séries TV qui sont des références. Mais comme je suis complètement partiale, je vous propose mon top personnel :

- passionnant/ambiance médiévale : *Games of Thrones* ;
- passionnant/ambiance familiale : *United States of Tara* ;
- passionnant/ambiance on-ne-s'en-lasse-pas : *Sex and the City* ;
- passionnant/ambiance un-peu-peur-mais-ça-va : *Walking Dead*.

Ne vous contentez pas de regarder ! Inscrivez-vous sur le site SensCritique et devenez un membre actif. Faites des listes de films ou de séries, donnez votre avis, éclairez les autres membres sur ce qu'il faut voir... Une cinéphile oui, mais une experte aussi. De l'ambition, madame Alitée aura !

LES SUBTERFUGES

Vous le savez maintenant, alcool et tabac sont à bannir. C'est facile à dire, à écrire, à penser… Mais c'est beaucoup plus compliqué à mettre en œuvre. Et rappelez-vous que dans les deux cas, vous pouvez être aidée par votre médecin. De la même façon qu'on leurre un homme en portant un soutien-gorge pigeonnant, on peut mentir à son corps en le trompant.

Le virgin mojito

Je le place tout en haut de mon podium des meilleurs subterfuges au monde : il a l'exact goût du mojito, mais sans alcool. Comme la menthe, le citron et le sucre couvrent le goût du rhum (c'est pour ça que le mojito est traître), quand on enlève ce dernier, on ne voit pas la différence.

LA RECETTE

(À faire directement dans le verre.)

Écraser un quartier de citron vert à l'aide d'un pilon (ou d'une cuillère).

Plier deux feuilles de menthe.

Ajouter de la glace pilée et une cuillerée à soupe de sucre de canne.

Mélanger et ajouter de l'eau gazeuse (15 cl).

Tous les bars qui font des mojitos peuvent vous faire des virgin mojitos, donc n'hésitez plus à sortir et à explorer la carte des cocktails sans alcool pour avoir l'impression que pour vous aussi, ce soir, c'est la fête. Wouhou !

Les potins

Quel est le rapport entre les frustrations et les potins ? Eh bien quand on est frustrée, on doit s'occuper l'esprit, et qu'est-ce qui occupe mieux l'esprit que de savoir qui couche avec qui, qui a dit quoi sur qui ? Généralement, vous ne vous abaissez pas à ce genre de petits commérages (mais oui, bien sûr), mais là, vous n'avez pas le choix, c'est ça ou fumer quinze cigarettes.

Assurez-vous de conserver une vie sociale. Et puis, le statut de femme enceinte attendrit l'entourage, qui est plus enclin à lâcher de belles infos. Voir du monde vous permettra aussi d'éviter de vivre dans une bulle « bébé ». On a malheureusement tendance à faire tourner le monde autour de notre nombril, mais vous savez, en neuf mois, il peut se passer plein de choses pour vos proches : des rencontres, des voyages, des changements dans la vie professionnelle...

***

Parce que je sais que rien ne calme totalement une frustration, gardez en tête ces quelques phrases comme si elles étaient des mantras.

- Une grossesse représente 0,9 % d'une vie (en partant du principe que nous vivons 81 ans). 0,9 % de frustration, c'est jouable, vous pouvez le faire.
- Plus vous ferez de sacrifices, plus vous pourrez le reprocher à votre enfant plus tard sans lui mentir : « J'AI TOUT ARRÊTÉ POUR TOI, MON FILS. »
- Après l'accouchement, un verre de vin suffira à votre ivresse ; vous deviendrez rentable en soirée.
- Se sevrer du tabac, c'est allonger son espérance de vie dès les premiers mois d'arrêt.
- Ne prendre que 8 kg pendant sa grossesse, c'est un peu la classe.

SORS DE MOI, PITIÉ !

Alien, j'en peux plus !

Aucun trimestre ne fait autant l'unanimité que le maudit troisième trimestre et, pour résumer la pensée de milliers de femmes sur Terre, je citerai l'auteur Nora Ephron : « Si la grossesse était un livre, on couperait les deux derniers chapitres. »

C'est comme la saison de trop d'une série, les kilos en trop, le maquillage trop marqué, les gens trop vulgaires… Le problème avec ce trimestre, c'est qu'il est « en trop ». D'autant plus que vous venez de passer quelques mois agréables et vous finissiez par croire que le plus dur est derrière vous (les nausées, par exemple).

La chute est dure après ces trois mois dopée par les hormones du bonheur ! Vous voilà épuisée, tiraillée, fatiguée, déprimée, stressée, et votre patience – ainsi que celle de votre entourage – va être mise à rude épreuve. C'est aussi à ce moment-là que vous plongerez dans les affres des questions existentielles : *Suis-je prête ? Et si je mourais en donnant naissance à mon enfant ? Je ne veux plus sortir, hors de question qu'on me voit dans cet état, même un marcassin est mieux gaulé…*

Mais où est passée la douce, charmante et heureuse future maman du 5e mois, qui affirmait haut et fort qu'elle vivait l'expérience la plus épanouissante de sa vie ?

Ne vous inquiétez pas, je n'ai pas fait ce guide pour vous pourrir le moral, mais bien pour vous montrer que tout n'est qu'une question de perspective. Aussi, j'ai pris le temps de récolter des astuces et des idées qui vous aideront à affronter l'épisode final pour qu'il ne ressemble pas à une pente glissante infernale menant au terrible… accouchement. TIN TIN TIN !

LES TRUCS UN PEU CHIANTS DU TROISIÈME TRIMESTRE (N'AYONS PAS PEUR DES MOTS)

Vous croyiez avoir tout vu, tout connu ? FAUX ! Le T3 vous réserve quelques surprises. Mais pour celles qui n'aiment pas ça (les surprises), laissez-moi vous en dresser un tableau.

Les nouveaux maux

Une **ligne brune verticale**, aussi appelée « *linea nigra* », va s'étendre de votre nombril à votre pubis (génial !), un changement de pigmentation dû à l'accroissement d'une hormone sécrétée par l'hypophyse. Et plus on a la peau mate, plus on a de chance qu'elle soit foncée (re-génial !). Rassurez-vous, elle disparaîtra après votre grossesse. Cependant, cette pigmentation n'est pas obligatoire, donc si vous n'en avez pas, ce n'est pas problématique, au contraire !

Vous allez peut-être aussi trouver des taches de **colostrum** dans votre soutien-gorge. C'est un liquide jaunâtre, riche en protéines et anticorps, que vous allez produire jusqu'au quatrième jour de vie de votre bébé. Ce colostrum est comme une boisson de champion pour affronter la vie dans les meilleures conditions. Youmi !

Les **contractions utérines périodiques** commencent à se faire sentir. Au sommet de l'utérus, elles se présentent comme une sorte de raideur ou de tension qui s'étend vers le bas puis qui se relâche. Si certaines peuvent être fortes, elles ne sont pas fréquentes, et surtout à intervalles irréguliers. C'est grâce à cette irrégularité qu'on ne les confond pas avec les contractions du « vrai » travail. On les appelle aussi « **les contractions de Braxton Hicks** » (du nom du médecin qui les a découvertes) ; elles permettent au corps de se préparer à l'accouchement, mais elles n'entraînent pas la dilatation du col. Si vos « fausses » contractions sont trop nombreuses, il est quand même utile d'appeler votre sage-femme. La prise d'analgésiques permet normalement de soulager la douleur (contrairement au « vrai » travail).

Le **volume sanguin** passe de 2600 ml à 3800 ml[1] à partir de la 34e semaine, soit une augmentation de 50 %. Les conséquences de cette augmentation sont nombreuses, mais dépendent vraiment des femmes. On note régulièrement :

- des jambes de plus en plus lourdes : faites-vous prescrire des bas de contention, même s'il fait chaud ! Ils ne servent pas seulement à vous soulager, mais aussi à prévenir l'insuffisance veineuse qui entraîne des varices (surdilatation des veines) ;
- des petits saignements divers : nez, gencives, ou ailleurs... C'est l'afflux supplémentaire de sang qui fait pression sur les vaisseaux sanguins et provoque des saignements.

Des nuits de folie. On ne va pas se mentir, plus la grossesse avance, moins le sommeil est agréable. Ventre encombrant,

---

1. Source : Vulgaris-medical.com

insomnie, dos douloureux, changements de température... et surtout, aussi : vessie pleine ! C'est à cause d'elle qu'on se lève six fois par nuit. Comme on a du mal à la vider entièrement, on se relève encore et encore. Les coups de pied du mini-Zlatan jouent aussi beaucoup dans ce sommeil léger. Alors dès que vous avez un coup de barre dans la journée, dormez ! De toute façon, il ne vous reste que ça à faire... Ça, et regarder des replays de *Danse avec les stars*.

Ça vous grattouille ou ça vous chatouille ? Si **votre peau vous démange** durant les derniers mois de la grossesse, même si aucune éruption n'est visible – en particulier sur vos plantes de pieds, dans vos mains et sur le ventre –, c'est dû aux changements dans le foie. Cette situation est commune, mais l'ictère est rare. Hydratez-vous, et rassurez-vous, vous n'êtes pas folle, ça vous gratte et ce n'est pas « dans votre tête ».

Mais, dans tous les cas, parlez-en à votre sage-femme. Il faut toujours TOUT lui raconter. Dans le cas précis des démangeaisons, elles peuvent être le signe d'une cholestase gravidique[1], une maladie désagréable pour la mère mais dangereuse pour le bébé, qui doit être immédiatement prise en charge.

Alors que vous avez eu le droit de bouger comme vous le souhaitiez pendant les deux premiers trimestres, les **voyages en avion** au troisième trimestre dépendent des compagnies aériennes. Sachez que rares sont celles qui acceptent de transporter les femmes enceintes au-delà du 7e mois. Chacune à sa politique interne, donc renseignez-vous avant d'acheter vos billets et, pour prouver la date de votre terme, faites-vous faire une prescription médicale.

1. La cholestase gravidique ne concerne que 1 % des grossesses en France.

LES TRUCS TRÈS COOL (OUI, SOYONS POSITIVES !)

Ce dont il faut profiter avant d'être trois

Trois, n'est-ce pas trois fois plus de possibilités ? Mais si, bien sûr (ha ha). Il y a cependant des choses qui font partie de votre quotidien et qui se raréfieront avec la nouvelle configuration de votre foyer. Il ne reste que quelques semaines avant l'arrivée du petit, alors si vous ne pensiez qu'à votre couple ?

IMPROVISER UNE SOIRÉE CINÉ-RESTAURANT

Rassurez-vous, ça ne sera pas la dernière de votre vie, mais la prochaine n'arrivera pas tout de suite et méritera plus d'organisation (baby-sitter, logistique, etc.).

Il faut réussir à passer des moments à deux sans que votre enfant ne s'immisce dans votre conversation. Parlez d'autres choses que de votre ventre prêt à exploser. Pomponnez-vous aussi, sortez le grand jeu, passez en revue toutes les grandes étapes de votre couple. Un peu de romantisme vous sortira des histoires de placenta et autres hémorroïdes. Et comme « improviste » n'est pas un mot que vous allez pouvoir utiliser après, forcez-vous à le faire entrer dans les dernières semaines de votre grossesse (apéro improvisé à la maison, sortie improvisée avec des potes, etc.).

FAIRE UNE GRASSE MAT'

Je sais, vous avez le sommeil léger, mais rien ne vous empêche de buller dans votre lit avec votre compagnon une partie de la matinée. Profitez-en, parce que vous serez tellement conditionnés ensuite par les réveils plus matinaux que vous vous souviendrez avec nostalgie de cette époque où vous dormiez sans problème jusqu'à 13 heures.

Le choix du prénom

Les femmes enceintes ne font pas que râler ; il y a de jolis moments, comme celui où on apprend le sexe du bébé et qui précède souvent le choix ferme et définitif du prénom.

Depuis 1993, la loi autorise les parents à donner le prénom qu'ils souhaitent à leur enfant[1]... dans la limite du raisonnable... En effet, l'officier d'État civil peut signaler les prénoms lui semblant porter préjudice à l'enfant.

À GARDER EN TÊTE !

- **Pensez aux initiales. Si, par exemple, votre nom de famille est Dampier, évitez d'appeler votre fils Patrick. Parapher « PD » sur tous ses contrats professionnels, c'est triste.**
- **Évitez les prénoms qui mettent trop la pression : Belle ou Bella (si votre fille ressemble plus tard à Woody Allen, ça ne sera pas facile à porter), Olympe, Hercule...**

1. Article 57 du Code civil.

Mais avant de convaincre l'officier d'État civil, il va falloir vous convaincre mutuellement.

Il paraît qu'il n'y a pas de « bon » prénom. Je ne suis pas d'accord, le prénom idéal a du caractère sans être un prénom de masse, il est original sans provoquer les moqueries des copains, il a une histoire sans donner une destinée à votre enfant. Oh oui, je suis chiante.

Pour information, voici le top 10 des prénoms 2016 :

- Lucas, Hugo, Jules, Raphaël, Léo, Gabriel, Louis, Arthur, Maël, Paul.
- Chloé, Alice, Léa, Louise, Manon, Jade, Emma, Zoé, Lenna, Camille.

Pour information toujours, voici les prénoms les plus étonnants que j'ai croisés :

- Clovis, Légolas, Sébastie, Mathurin, Tancrède, Orphée.
- Victorine, Leucky, Calixte, Méloé, Eolia, Manoa.

Pour moi, dire qu'un prénom révèle la personnalité de celui qui le porte, c'est un peu comme l'horoscope. Je n'y crois pas. M'appeler « Virginie » m'a-t-il rendue vierge (ha ha) ? Non. En revanche, je suis d'avis qu'il faut choisir plusieurs prénoms très différents pour ses enfants pour leur laisser le choix de les intervertir (oui, c'est possible).

QUID DU NOM DE FAMILLE ?

Selon la loi du 4 mars 2002, les parents, qu'ils soient mariés ou non, peuvent donner à leur enfant : soit le nom du père, soit le nom de la mère, soit les deux selon l'ordre qu'ils décident. Ce choix est définitif pour les enfants nés ou à naître (tous les enfants doivent avoir le même nom, quoi !).

La *baby shower*

Aaaah, la *baby shower* ! Ne levez pas les yeux au ciel, je me doute que si vous êtes de celles qui achètent cet ouvrage, vous n'êtes peut-être pas la plus grande promotion pour la maternité, donc pour toutes les fanfreluches autour, y compris la *baby shower*

On trouve aujourd'hui des *baby showers* (ou fêtes prénatales) partout dans le monde. Le principe : réunir autour d'une femme enceinte, entre son 7e et 8e mois, un cercle de femmes intimes pour parler bébé, accouchement, éducation, etc. En plus de son expérience, on apporte à la jeune maman des cadeaux, des présents pour l'enfant à naître... C'est mignon.

La *baby shower* est aujourd'hui une très belle excuse pour voir ses amis. On n'est pas obligé de séparer les hommes et les femmes et on n'est pas obligé non plus de ne parler que d'épisiotomie et de bouchon muqueux. Toutes les occasions sont bonnes pour faire la bringue, et aussi pour vous faire offrir par vos copains des cadeaux somptueux. À la fin de la grossesse, on est un peu fauchée et c'est dur de mettre

80 euros dans une lampe en forme de lapin rose fluo... Faites une liste !

Pour que la *shower* soit réussie, il faut d'une part qu'elle vous ressemble, et d'autre part que vous n'invitiez que des gens qui sont concernés et ravis par votre grossesse. Donc des gens très proches.

TIC-TAC, ÇA APPROCHE

Si vous commencez à flipper sévère, c'est normal, c'est un peu comme quand on sait que c'est le dernier épisode de la série, on a très peur que ça se termine. On inspire, on expire, et on se tient prête !

La valise pour la maternité

Il existe autant de listes pour la maternité que de chansons avec le mot « love » dans la discographie de Mariah Carey. Je vais vous rappeler les grandes lignes, mais surtout ajouter mes conseils personnels pour être comme un coq en pâte à l'hôpital.

POUR VOUS (VOTRE CHÉRI ET VOUS)

- Une tenue « poussez madame » ample ; quitte à être coquette, autant la choisir jolie (on évite le tee-shirt « La Poste 1998 » de son mec). Vous aurez cette tenue pour les examens qui précéderont la péridurale.

- Des chaussettes (*idem*, il y en a de plus jolies que les « trois bandes blanches »).
- Des chemises de nuit courtes pour faciliter les soins aux infirmières et qui s'ouvrent facilement devant si vous allaitez.
- Deux soutiens-gorge (d'allaitement + coussinets d'allaitement si vous allaitez).
- Des serviettes hygiéniques + des slips jetables (parfois la maternité les fournit).
- Une trousse de toilette (n'oubliez pas le shampoing, le peigne et le démêlant ; rester si longtemps allongée a tendance à transformer vos cheveux en une crinière qui ferait rugir de jalousie Bob Marley).
- Du maquillage et un miroir (oui, parfois on n'accède pas à la salle de bains pendant deux jours, c'est le cas des césarisées).
- Du vernis à ongles (oui, parfaitement).
- Du shampoing sec (qui vous sauvera la vie si vous êtes alitée à la suite d'une césarienne).
- Un chargeur de téléphone pour vous et pour votre conjoint.
- Un pull ou un gilet doux (il ne fait jamais très chaud dans les hôpitaux).
- Le coussin d'allaitement (voir p. 107).
- Des chaussons.
- Deux jolies robes, ou chemisiers, ou blouses fluides pour recevoir les visites (des qui vous donnent bonne mine, je vous rappelle que vous allez être prise en photo).

- Un sac pour votre linge sale.
- Une bouteille d'eau.
- Un brumisateur.
- Une crème pour le corps qui sent bon.
- Une trousse de toilette pour votre mari et une tenue de rechange au cas où...
- De la musique (mp3, portable...) et un casque.
- De la monnaie pour le distributeur dans le couloir (pour les doses de caféine que s'injectera votre mari en attendant que « le col s'efface »).
- Vos papiers + le dossier de grossesse.
- Vous pouvez prendre de la lecture et des magazines, mais en toute sincérité... le temps passe à une allure démentielle !

POUR VOTRE BÉBÉ

- 5 bodys (préférez une taille 1 mois, rares sont les bébés qui rentrent dans le naissance, sauf si vous savez que ce sera une crevette).
- 5 pyjamas.
- 2 ou 3 brassières.
- 2 bonnets de naissance.
- 1 gigoteuse (ou turbulette).
- 1 tenue complète pour la sortie d'hôpital.
- 1 ou 2 doudous.

- 6 bavoirs.
- 5 langes.
- Des serviettes-éponges.
- Des chaussons.
- Des gants (pour éviter qu'il se griffe, le petit chat).
- Une tétine (certains bébés sucent leur pouce dans le ventre de leur mère et ont besoin de retrouver cette succion dès la sortie pour s'endormir).
- Renseignez-vous sur les produits de soin que vous devez apporter (certaines maternités les fournissent, d'autres pas).

Préparez cette valise à deux et immortalisez-la en photo. C'est un grand moment d'émotion, et pourtant je ne suis pas fan du côté « totem » des choses. Quand cette valise est bouclée (en fait, il y en a presque deux + l'énorme coussin, on dirait des aoûtiens qui partent en camping) et qu'elle attend sagement dans l'entrée, c'est un beau moment.

La dernière ligne droite

Si vous écoutez attentivement votre corps, il vous donnera des indices pour vous prouver que la fin est proche. Les symptômes suivants précèdent souvent l'accouchement de quelques jours.

SE POMPONNER !

• On va chez le coiffeur quatre ou cinq jours avant le terme et on se fait faire un brushing, serré, de ceux qui sont censés affronter une tempête.

• On se fait une manucure-pédicure : vous pouvez laisser un doigt nu pour les infirmières, car elles ont besoin, en cas de complications, de vérifier la couleur de vos ongles, qui leur indiquera l'état d'oxygénation de votre sang. Une beauté des pieds est capitale, je vous rappelle que votre chéri va peut-être changer vos chaussettes ; la grossesse n'est déjà en soi pas glamour, pas la peine d'en rajouter avec des pieds de sorcière de l'Ouest.

• On va chez l'esthéticienne une semaine avant, sinon, ça sera tout au rasoir par une sage-femme pressée. Comme je vous le disais plus haut, il n'est pas rare de souffrir d'insuffisance veineuse quand on est enceinte.

Un problème qui va aussi bien avec la cire chaude qu'un sèche-cheveux dans une baignoire (ce n'est pas Claude François qui me contredira).

Je vous déconseille donc absolument cette méthode pour tuer vos poils, j'ai vraiment BEAUCOUP souffert sur la table de l'esthéticienne à huit mois et demi de grossesse. Les séances d'épilation au laser sont quant à elles à proscrire (on ne connaît pas encore leurs effets à long terme)...

Il ne vous reste que l'épilateur (mais pour les douillettes, c'est l'enfer) et les bandes de cire froide (idéales).

UNE GRANDE FATIGUE DOUBLÉE D'UN ÉTAT NAUSÉEUX

Ça ressemblerait presque au premier trimestre, dit comme ça !

Encore une fois, c'est la faute aux hormones qui se modifient en vue du déclenchement du travail.

LA PERTE DU BOUCHON MUQUEUX

C'est la glaire qui bouchait gentiment le col de l'utérus pendant la grossesse et qui saute tel un bouchon de champagne pour annoncer que c'est bientôt la fête ! Quand le bouchon tombe, il ne reste pas plus de trois jours avant que la fiesta batte son plein (que vous entriez en salle de travail, quoi). Le souci, c'est que c'est compliqué de savoir à quoi ça ressemble VRAIMENT, un bouchon muqueux, et je préfère que vous évitiez de googliser ce terme (qui sont ces gens qui prennent en photo leur bouchon muqueux ? !). Dites-vous qu'on ne peut pas confondre une perte avec un amas qui obstruait avec force un col entier...

LA FRÉNÉSIE DE MÉNAGE ET DE RANGEMENT

C'est le syndrome de la nidification auquel toutes les femelles mammifères sont sensibles. On prépare le nid pour que l'enfant y soit bien. La nidification nous pousse même à faire du tri dans notre vie personnelle. Vous verrez que le dernier mois est propice au rétrécissement de son entourage. On restreint son profil Facebook, on filtre la prévision des visites à la maternité, etc.

Favoriser le travail

À deux semaines du terme, on n'en peut plus et on est prête à gober toutes les astuces de grand-mère pour accoucher un peu plus tôt.

Sachez déjà que 10 % des femmes enceintes dépassent leur terme.

Ce n'est pas pour vous rendre folle que votre enfant ne sort pas, mais parce qu'il n'est pas prêt. Peu d'études prouvent que les méthodes suivantes sont efficaces, mais comme elles traversent le temps comme Arielle Dombasle, peut-être valent-elles le coup que l'on s'y intéresse :

- marcher, monter des marches, s'activer (c'est sans risque à partir du moment où vous ne vous épuisez pas) ;
- faire l'amour (c'est sans risque, sauf si vous avez perdu les eaux ou que le médecin vous l'a déconseillé à cause d'un placenta bas par exemple) ;
- la médecine alternative : acupuncture, homéopathie... Mais pour ça, *idem*, mieux vaut bien se renseigner.

Go, go, gooooo !

LES CONTRACTIONS RÉGULIÈRES

Si c'est votre premier enfant, elles seront un peu lentes, donc inutile de sauter dans un taxi en chemise de nuit... Vous avez un peu de temps devant vous.

Vous devez d'abord être sûre que ce n'est pas une fausse alerte. Le vrai travail se caractérise par des contractions très régulières et douloureuses. En posant la main sur votre ventre, vous percevrez le durcissement en même temps que la douleur. Les contractions seront de plus en plus longues et douloureuses, et de plus en plus rapprochées. Notez bien leur intervalle ; quand elles surviennent de façon régulière toutes les 10 minutes, vous pouvez partir à la maternité.

Pour les femmes qui ont déjà eu des enfants, les contractions sont plus efficaces, donc dès les premières, il faut filer à la maternité.

LA PERTE DES EAUX

Si vous perdez les eaux, vous devez immédiatement partir à la maternité (enfin, vous avez quand même le temps de vous changer). Vous pouvez perdre les eaux sans avoir de contractions, mais les risques d'infections de l'enfant et du dessèchement du cordon ombilical peuvent être très problématiques.

BON À SAVOIR

À partir du moment où vous partez à la clinique, ne buvez et ne mangez PLUS RIEN. On ne sait jamais, si vous deviez être anesthésiée.

Ça y est, vous êtes prête, c'est LE JOUR DE L'ACCOUCHEMENT !

Funny facts

- L'utérus va finir par peser plus d'un kilo à la fin de la grossesse.
- Le placenta fait 30 cm et a une épaisseur de 3 cm. Il pèse environ 500 g, un beau steak, quoi !
- Vous sentez moins votre enfant bouger. Normal, il est coincé dans un studio comme un étudiant parisien.

INTERLUDE #3

« IL EST L'OR, MONSEIGNOR »

Si vous n'avez pas vu *La Folie des grandeurs* de Gérard Oury avec Louis de Funès, courez l'acheter (il n'est plus en salles depuis 1971) !

Quand on fait un enfant, ou qu'on a un projet BB 1 (hi hi hi), tout le monde nous répète que ça va nous coûter un rein. Sur l'échelle de l'anatomie, un rein, ça a l'air de coûter cher… Mais cher comment ? J'ai pris ma calculette, je me suis fait un chignon sur la tête et j'ai chiffré pour vous ce que coûtait, en moyenne, un enfant la première année… Oui, enfin, ne vous inquiétez pas, j'ai aussi pris en compte des statistiques plus fiables que ma vie personnelle et celle de mes copines pour mener à bien cette petite enquête, que *Capital* et Guy Lagache vont me jalouser, j'en suis sûre. Entre le site Materneo, les statistiques de l'Insee, de l'Unaf[36] et mes relevés bancaires, j'ai pu établir un budget global.

Avant toute chose, il faut savoir que nous ne sommes pas égaux face aux dépenses, et même quand deux familles ont le même budget, elles ne font pas les mêmes choix et ont différentes priorités. Par exemple, il y a la famille qui privilégie le confort et offre une poussette de star à son enfant mais met moins d'argent dans les vêtements. Il y a celle qui se saigne pour s'offrir une garde-robe Bonton, Jacadi et Kenzo

36. Union nationale des associations familiales.

Kid… Ou celle qui, comme moi, aime la mode mais n'est psychologiquement pas prête à mettre 150 euros pour des chaussons (ça fait quand même mal aux fesses !).

Par exemple, on dépense entre 2970 et 9700 euros par an pour la première année d'un enfant. Sans compter le mode de garde, ni les aides, ni la défiscalisation. Un grand écart que l'on impute aux revenus, mais aussi aux choix (marques, achats inutiles, etc.).

Je vous livrerai d'ailleurs en fin d'étude des petites astuces pour vous aider à rogner quelques euros par-ci par-là. Parce que franchement, il y a plein de choses que j'ai achetées neuves et qui ont servi DEUX MOIS, voire DEUX FOIS !

LES POSTES DE DÉPENSE

L'alimentation

1ER ÂGE

- Lait maternisé (entre 13 et 20 € la boîte de 900 g) : 65 à 100 €/mois.
- Allaitement, petits accessoires (compresses, protège mamelons, crème, tire-lait) : 20 €/mois.
- Allaitement, équipement (soutiens-gorge, vêtements, écharpe) : 60-80 €/an.
- Eau minérale (4 packs) : 13 €/mois.

2E ÂGE

- Lait maternisé (entre 13 et 20 € la boîte de 900 g) : 50 à 75 €/mois.
- Allaitement, petits accessoires (compresses, protège mamelons, crème, tire-lait) : 5 €/mois.
- Petits pots, 3 à 4 par jour (entre 0,50 et 1,60 € le pot) : 75 à 130 €/mois.

Les soins

- Couches, 6 par jour en moyenne (entre 0,15 et 0,50 € pièce) : 325 à 1 080 €/an.
- Produits de toilette (lingettes, coton, shampoing, crèmes, sérum physiologique, paracétamol…) : 60 €/mois.
- Couches lavables : entre 10 et 30 € l'unité.

La puériculture

- Biberons (4 biberons de 240 ml et 2 biberons de 120 ml) : 50 €/an.
- Baignoire : entre 12 et 30 €.

Les vêtements

- Linge (turbulettes, draps, serviettes, bavoirs, langes) : entre 150 et 380 €/an.
- Vêtements (4 garde-robes de 0 à 1 an) : entre 750 et 1 500 €/an.

Le mobilier pour la 1re année (moyenne)

- Lit, berceau, armoire, table à langer : 1000 €.
- Poussette, transat, siège-auto : 600 €.
- Décoration : entre 40 et 150 €.
- Jouets : entre 50 et 150 €.

Donc, même si on flirte en moyenne avec les 3500 euros par an (sans mode de garde, je le rappelle, qui, selon les régions, sale la note), on peut rapidement se diriger vers la fourchette haute de 9000 euros, soit 22 paires de Louboutin.

En effet, quand c'est son premier enfant, on n'a pas vraiment envie de rogner sur la qualité. Surtout pour les couches, qui, quand elles sont trop bon marché, réservent des surprises dégoûtantes, sans entrer dans les détails.

Idem pour le lait, pour celles qui n'allaitent pas ; des marques comme Guigoz, Gallia, Nidal ou Modilac ont fait leurs preuves, même si elles sont les plus chères du marché.

Et si vous avez la chance incroyable de faire un enfant allergique comme le mien, les cold creams et autres crèmes lavantes au pH neutre, hypoallergéniques, coûtent un bras, vous pouvez donc doubler le budget soins !

Soin, santé, alimentation ne sont donc pas des postes où il est simple de pouvoir réduire les achats.

En revanche...

- **Les vêtements** : pensez aux dépôts-ventes en ligne ou en magasin, aux chaînes à bas prix ou au troc entre amis. Sachez que, la première année, un enfant changera au minimum quatre fois de garde-robe. Il passera de la taille 1 mois au 24 mois en un an et changera parfois même de taille dans la nuit : MAGIQUE ! Donc faites-vous offrir les plus belles pièces par la famille (un beau manteau, un beau pull, de belles chaussures) et pour le reste, faites attention à la dépense. Et rassurez-vous, il est possible de se faire des looks mignons à petits prix grâce à la grande distribution, il suffit de fouiller un peu (Kiabi, Tape à l'œil, H&M, etc.).

- **Les meubles** : là encore, une table à langer et une commode ne sont pas forcément nécessaires. Il vous suffit de mettre SUR la commode un coin à langer, avec un bon matelas à langer. C'est même souvent plus joli que les meubles tout faits. Par ailleurs, sachant que le berceau est un achat coup de cœur, quitte à prendre un beau lit, choisissez-le évolutif. Et attendez les soldes, d'hiver ou d'été selon la période de votre grossesse. Il ne reste parfois que des couleurs moches, mais un coup de pinceau et hop, le lit est personnalisé !
- **Les langes** : vous en aurez TOUT LE TEMPS besoin, et en surfant sur le Web, je me suis rendu compte que ce carré de coton (62 × 62 cm), vendu en lots, coûtait environ 8 euros pièce !!! Sachant qu'il en faut au moins sept pour être tranquille, faites le compte... Le bon plan est donc d'acheter un joli tissu au mètre (comme pour faire les rideaux de la chambre de l'enfant) et de les faire soi-même, parce que ce n'est pas compliqué du tout. Ça reste des carrés, hein ? !
- **Le mobilier et les accessoires qui n'ont pas besoin d'être achetés neufs** : transat, chaise haute, baignoire, parc, etc., vous vous en tirerez pour moitié prix sur Le Bon Coin, et vous vous en débarrasserez tout aussi vite.

- **Les jouets** : vous le comprendrez rapidement, une bouteille d'eau vide en plastique amusera autant votre enfant (voire plus) qu'un hochet. De plus, le jouet est le cadeau préféré des grands-parents, des parrain et marraine, donc laissez-les faire. Plus tard, quand l'enfant sera en âge de comprendre les pubs et de vouloir des jouets très chers, oui, vous devrez mettre la main au porte-monnaie. Mais en attendant, une spatule, un carton et hop, c'est parti pour une batterie 100 % recyclage et qui coûte zéro euro.
- **L'exception, la nourriture** : investir dans un mixeur et faire ses pots soi-même, au-delà d'être très sain, est une solution économique ! Vous pouvez les congeler et, sans être un cordon-bleu, vous aurez le sentiment d'être une mère comme il faut. Si, si, juré !

ASTUCES VALABLES TOUTE L'ANNÉE

• Revendez au fur et à mesure ce que vous êtes sûre de ne pas garder (38 veilleuses, 2 babyphones, 120 body taille 1 mois...).

• Profitez des promotions en pharmacie, en grands magasins, etc. Packs d'eau, couches, lait, sérum physiologique, coton... Apprenez à stocker, parce qu'il n'y a rien de pire que d'être en galère de lait un dimanche soir – Gad Elmaleh en a fait un très bon sketch d'ailleurs. ET n'oubliez pas, chaque vendredi 13, la Française des jeux joue au Père Noël !

L'ACCOUCHEMENT COMME ON NE VOUS L'A JAMAIS RACONTÉ

Good morning Vietnaaaaaam !

Avant de poursuivre la lecture, je préfère vous prévenir que j'ai écrit ce chapitre parce qu'il m'a manqué pendant ma grossesse. Heureusement que j'avais mes amies pour me guider, mais j'ai quand même trouvé cette absence d'informations incroyable, à l'heure où, par exemple, ça ne gêne personne de filmer des inconnus 24 heures/24. L'accouchement est-il encore considéré comme « trop intime » ?

Alors qu'on parle de sentiments et d'émotion tout au long des guides de grossesse, quand arrive le chapitre « accouchement », on s'en tient à l'aspect médical.

Il n'y a pas un jour, pendant les neuf mois de notre grossesse, où l'on ne pense pas au déroulement de « notre » jour J. Et même la plus préparée des femmes ne sait pas ce qu'elle va vraiment ressentir. Chaque femme est différente, chaque accouchement l'est.

Dans la vie, j'aime bien avoir toutes les cartes en main, savoir, mais aussi connaître le vécu des autres. Ce chapitre n'est pas glamour, ce chapitre peut faire peur, mais il est plein d'amour, promis !

Les différentes façons d'accoucher seront passées en revue. Vomi, sonde urinaire, péridurale, césarienne d'urgence, épisiotomie... Tout cela vous arrivera peut-être et l'important est de s'y être VRAIMENT préparée. Je me suis servie de témoignages sans langue de bois de mamans qui ont kiffé... retourner dans leur chambre le bébé enfin dans les bras !

ÉPISODE 1 : LES PREMIÈRES HEURES

À moins que vous ayez déjà eu quatre enfants et que vos premières contractions soient bien des contractions de travail, vous ne serez pas accueillie à la maternité en priorité avec le brancard et les infirmières qui courent dans tous les sens. Ça, c'est dans les films américains. Dans la vraie vie, la plupart du temps, vous allez vous présenter à l'accueil de la maternité, debout, comme une grande, pour les formalités administratives.

Après la paperasse d'usage, on vous fera patienter jusqu'à l'examen en bonne et due forme de la sage-femme.

LES OPTIONS D'ACCOUCHEMENT

- **L'accouchement par voie basse naturel (avec ou sans péridurale).**
- **L'accouchement par voie basse provoqué (hypertension, mère diabétique, maladie de cœur, etc.). Il est provoqué par l'injection d'ocytocine et de prostaglandine, des hormones qui déclenchent des contractions.**
- **L'accouchement par césarienne programmée.**
- **L'accouchement par césarienne d'urgence.**

Claire G., 35 ans

« J'étais tellement déçue quand je suis arrivée à la clinique. J'avais perdu les eaux, je croyais que c'était une situation exceptionnelle. L'infirmière à l'accueil a pris mon dossier, m'a demandé de faire pipi dans un pot et d'attendre dans la salle d'attente. Au milieu de plein d'autres mamans... Je me croyais exceptionnelle et sur le point d'accoucher. Je n'étais qu'une maman de plus sur la liste de l'accueil. »

L'attente fait monter la tension et favorise l'apparition des contractions « plus douloureuses ». Cette douleur est aggravée par le stress, c'est le moment où vous réalisez que vous êtes au pied du mur, qu'il n'est plus temps de reculer et qu'il va falloir assurer.

La sage-femme s'assurera de l'état de votre col, de votre tension artérielle, de votre température et de votre urine. Elle placera un monitoring sur votre ventre pour espionner vos contractions, pour voir si vous êtes « ouverte » de plus de 3 cm. Ensuite, vous allez... patienter, eh oui, encore !

Sachez qu'un « lavement » est parfois effectué, puisque, pour que votre enfant sorte, votre rectum doit être vide. C'est l'heure du FOCUS CACA (joie).

MON CONSEIL

Demandez à votre conjoint de vous distraire, de vous faire respirer, car plus vous serez angoissée, plus vous aurez mal. C'est là où il faut commencer à respirer comme Maître Yoda.

PAS DE TABOU !

Je vous l'avais dit, nous sommes ici entre nous et on peut parler de ce sujet tabou comme des adultes. La peur de déféquer en accouchant est l'une des plus fréquentes. Faire ses besoins relève de la sphère privée, un processus qu'on ne partage avec personne d'autre que soi... Mais laissez-moi vous dire que ce n'est pas la seule chose « intime » que vous allez partager ce jour-là !

Forcément, quand un accouchement est programmé, il est plus simple d'éviter l'accident fécal. Pour cela, il suffit d'un suppositoire à la glycérine quelques heures avant de partir à la maternité et hop, le tour est joué.

Maintenant, sachez que si le temps est compté, ce n'est pas dramatique. Vous ne vous rendrez pas compte que vous faites caca, il se passe tellement de choses en bas que vous ne distinguerez plus vos fesses de vos genoux ! Concentrez-vous sur votre souffle. De plus, le personnel est discret, votre mec n'aura pas votre « offrande sous le nez », une aide-soignante éloignera l'indésirable de vos yeux naïfs.

Et, puisqu'on est bien installées, parlons de transit intestinal : la constipation sur plusieurs jours suit parfois les accouchements. Surtout en cas de césarienne. Vos intestins et autres trucs dégoûtants ont été « bougés », donc dérangés, et font une petite grève histoire de rappeler qui est le patron. Fin de la parenthèse et vive la glycémie !

Une des choses qui m'ont le plus surprise le jour de mon accouchement, c'est l'attente. Je n'avais pas envisagé qu'elle allait être la dominante de mon expérience. Je pensais, comme une petite naïve, qu'une fois à la maternité, les choses se faisaient rapidement, surtout que j'avais perdu les eaux... Ah, ah... je n'étais alors qu'une enfant !

J'ai personnellement eu un travail long (36 heures, médaille d'or de la maternité ce jour-là). Mais rassurez-vous, je ne suis pas là pour vous faire flipper, j'appartiens à la catégorie « exception qui confirme la règle ». Un accouchement dure en moyenne 12 heures pour un premier enfant. Et j'ai une amie pour qui ça n'a duré qu'à peine 3 heures. Oui, Mère Nature est aussi juste que le jury de *Nouvelle Star*.

Aude P.

« On ne m'avait absolument pas préparée à une chose lors de mon accouchement : l'attente. L'attente est pire que tout pour une impatiente comme moi. »

ÉPISODE 2 : L'ACCOUCHEMENT

Petit rappel médical avant de vous parler des petites choses qu'on nous cache !

L'accouchement par voie basse

PHASE 1 : LA DILATATION

La plus longue (environ 7 heures). Sachez que ce sont les trois premiers centimètres qui sont les plus longs à atteindre et ils représentent, en temps, LA MOITIÉ de la phase de la dilatation.

Ensuite, le travail est accéléré, souvent par l'action de l'ocytocine (l'hormone qui stimule les contractions de l'utérus). À ce moment-là, on vous placera sous monitoring et perfusion. C'est aussi là que vous recevrez la péridurale si vous l'avez choisie (comme 80 % des femmes).

La poche des eaux se perce dans ces eaux-là (ha ha !). Si ça n'a pas déjà eu lieu, le médecin attendra une dilatation à 5 cm avec une tête bien engagée pour la percer (le liquide protège ainsi le plus longtemps possible l'enfant). Ensuite, il faut attendre et observer la courbe de vos contractions sur le moniteur. De temps en temps, une sage-femme vient vérifier où en est votre col.

Gardez votre portable pour vous occuper, parce que ça peut être un peu long.

LA PÉRIDURALE

Le principe, vous le connaissez sûrement, puisque vous avez eu rendez-vous avec l'anesthésiste il y a quelques semaines (certaines femmes ne sont pas éligibles à la péridurale). L'anesthésie consiste à introduire un cathéter dans l'espace péridural (rendez-vous à la colonne vertébrale, vers la 3e et la 4e vertèbre lombaire).

Il existe :

• la péridurale classique : la plus pratiquée (mais elle enlève la possibilité de se lever, car le produit injecté l'est aussi dans les jambes) ;

• la péridurale PCA : l'analgésie est contrôlée par la patiente et lui permet de doser en fonction de sa douleur. Un système de sécurité permet d'éviter le surdosage ;

• la péridurale ambulatoire : c'est la même que la classique, mais avec des dosages plus faibles qui permettent les mouvements.

Les inconvénients

• Il faut qu'elle soit ni trop forte (vous ne sentiriez rien passer), ni trop douce.

• La péridurale doit permettre de « ressentir » l'expulsion sans que vous « souffriez » pour autant.

• Les complications existent mais sont rares. Le désagrément le plus connu est la nausée, voire, au moment de la pose, une baisse ponctuelle de tension.

• La péridurale ralentit le travail, ce qui provoque souvent des accouchements plus instrumentalisés (utilisation de forceps, d'une ventouse pour extraire l'enfant, trop fatigué pour continuer).

Quand la sage-femme prononcera le merveilleux « votre col est effacé », cela voudra dire qu'il est temps de passer à la phase 2 : l'expulsion !

Emma D.

« J'ai détesté qu'on visite mon intimité toutes les heures. Je n'ai plus supporté qu'on me touche pendant un mois ! »

PHASE 2 : L'EXPULSION

L'expulsion (quelle charmante expression) est l'étape qui fait le plus peur, mais elle ne dure que 30 minutes (et moins de 20 pour un deuxième).

Si vous n'êtes pas déjà en salle d'accouchement, c'est à ce moment-là qu'on vous y emmènera. La dilatation se termine sur des contractions très fortes et très rapprochées (moins d'une minute).

Il est important de bien suivre les instructions du personnel, surtout si vous n'avez pas suivi les cours d'accouchement sans douleur.

- **À l'arrivée d'une contraction** : inspirez par le nez et expirez par la bouche lentement. Quand la sage-femme vous dira de « pousser », vous pourrez vous laisser aller à cette force irrépressible qui vous donne envie de pousser ; quand vous poussez, visualisez vos abdominaux, ils aident l'enfant à descendre.
- **En pleine contraction** : bloquez votre respiration et poussez en contractant vos abdos le plus longtemps possible. Tout l'air dans vos poumons appuie sur le diaphragme, qui lui-même pousse l'utérus.

CE QU'ON DIT MOINS...

Je vous avais dit que je n'aurais pas de secret pour vous !

• Vous aurez de nouvelles contractions 20 minutes après, mais rassurez-vous, elles seront beaucoup plus douces. Elles auront pour but de décoller le placenta collé à l'utérus et de l'expulser.

• Vous pouvez avoir entamé l'expulsion et soudain vous retrouver au bloc pour une césarienne d'urgence. La décision est prise en cas de détresse fœtale, ou de la mère. Le père peut assister à la césarienne, mais la décision revient au chirurgien.

• Votre enfant peut être un peu violacé, ou ensanglanté (par votre sang) et moins propre que vous n'aviez pu vous le figurer. Ce n'est pas un secret, il a aussi une grosse tête (le quart de la taille totale, alors que chez les adultes, elle représente le septième de la taille). De plus, le front est très grand par rapport au reste de sa tête (il représente les trois quarts au lieu de la moitié). Le crâne, selon le déroulement de votre accouchement, pourra être cabossé ou en pain de sucre. Le nez est un peu aplati, les yeux éminemment grands. Il peut avoir du duvet, qui tombera au cours des prochains jours. Sa peau peut virer à l'orange s'il fait une petite jaunisse, et avoir des ongles longs... Bref, on est TRÈS LOIN du standard de beauté imposé par les images d'Anne Geddes (la photographe qui nous fait croire qu'un nouveau-né est sublime).

• Vous n'êtes pas obligée d'être instantanément submergée d'amour, vous pouvez aussi être simplement en état de choc.

- **Entre deux contractions** : reprenez votre souffle calmement.

Mais ne vous inquiétez pas, vous serez guidée par l'équipe présente.

- **Quand la tête de votre enfant apparaîtra** : la sage-femme vous demandera d'arrêter de pousser, pour éviter que sa tête ne déchire quoi que ce soit. Ensuite, elle vous guidera et sortira le corps entier de votre enfant.

Vous resterez ensuite une ou deux heures sous surveillance dans la salle d'accouchement. Selon les maternités, les premiers soins sont prodigués dans la salle où vous vous trouvez ou dans une autre. Votre chéri peut suivre la sage-femme, sauf en cas d'urgence, pour assister aux premiers soins.

PHASE 3 : FAIRE CONNAISSANCE

Attention, ne fantasmez pas trop sur ces deux points, car ils dépendent du déroulement de votre accouchement. Pour parler en connaissance de cause, je n'ai pu faire ni l'un, ni l'autre, alors que j'en aurais eu TRÈS envie. Mais si, par bonheur, vous le pouvez, précisez à votre sage-femme que vous souhaitez un peau-à-peau et/ou une tétée de bienvenue.

Le peau-à-peau

Il consiste à mettre en contact votre enfant nu contre votre peau nue. Au-delà du lien qui se crée, les bienfaits du peau-à-peau sont avérés : il permet de réguler et de stabiliser la température de l'enfant, d'opérer une transition en douceur, de faire naître les premiers liens et de faire prendre conscience de son corps à votre enfant. Le père est particulièrement invité à vivre l'aventure peau à peau pour faire connaissance avec son héritier.

La tétée de bienvenue

Même si vous ne souhaitez pas allaiter, la tétée de bienvenue permet d'offrir à votre enfant le colostrum (voir p. 133), concentré en protéines, vitamines et sels minéraux. Il assure les défenses naturelles du nouveau-né grâce à l'immunoglobuline qu'il contient et lui assure une bonne mise en route de son système digestif.

La césarienne

CAS DE FIGURE N° 1 : VOUS ÉTIEZ EN PLEIN ACCOUCHEMENT PAR VOIE BASSE

On vous amène au bloc, on vous coiffe d'une charlotte sexy et on vous rajoute une dose de péridurale, au cas où. On vous allonge, les bras en croix.

On vous nettoie à la Bétadine®, du nombril jusqu'aux cuisses.

CE QU'ON DIT MOINS...

- **L'anesthésie enlève la douleur, mais pas la sensation. Vous « sentirez » comme des caresses et des mouvements.**
- **L'arrivée de l'enfant est étonnamment rapide.**
- **La position allongée empêche de vraiment voir son enfant. Il faut s'y préparer, c'est peut-être le plus dur dans une césarienne.**
- **Il y a deux heures en salle « de réveil », heures pendant lesquelles vous serez seule.**
- **Votre compagnon peut se voir refuser l'accès du bloc, vous vivrez alors cette expérience seule.**

LA CÉSARIENNE D'URGENCE

Pour avoir connu l'expérience « césarienne d'urgence », mon conseil est de se préparer à un choc émotionnel. Il n'est absolument pas question de « douleur » ici, ni même de souffrance. En revanche, l'aspect chirurgical de l'intervention enlève un peu d'émotion, et c'est difficile à gérer sur le coup quand on n'est pas préparée.

Pour moi, le gros avantage de la césarienne a été que mon fils et mon mari ont eu plus de deux heures pour apprendre à se connaître et que c'est ensemble qu'ils sont venus me voir en salle de réveil. Et c'est peut-être le plus joli souvenir que j'ai de toute ma vie (fin de la parenthèse mièvre).

On pose « le champ », un drap qui vous sépare des chirurgiens et qui vous empêche de voir les actes de chirurgie.

On teste votre sensibilité pour être sûr que vous ne sentez rien.

On pose les appareils pour mesurer vos constantes pendant l'acte.

C'est le moment de demander au chirurgien de commenter ses gestes ; si vous en avez besoin, c'est votre droit.

On vous incise la peau de l'abdomen, les muscles et enfin l'utérus pour sortir votre enfant.

On vous le présente, puis on le sort, et vous restez encore 20 minutes pour être recousue.

CAS DE FIGURE N° 2 : LA CÉSARIENNE EST PROGRAMMÉE

Ce sont les mêmes étapes, sauf pour l'endormissement. L'anesthésiste vous posera une anesthésie rachianesthésie.

LES MOTS QUI FONT PEUR

FORCEPS

Du latin signifiant « tenaille ». Les forceps sont un instrument d'extraction du fœtus par voies génitales. On les utilise de moins en moins (la césarienne gagnant du terrain sur les accouchements compliqués).

VENTOUSE OBSTÉTRICALE

Concurrente directe des forceps, la ventouse a l'avantage de ne pas provoquer de lésions sur les voies génitales maternelles. On ventouse une cupule sur la tête du nouveau-né, et une machine qui y est reliée permet l'adhérence et aide à guider le bébé qui est bloqué. Cette pratique laisse une marque sur la tête du nouveau-né, qui disparaît quelques jours après.

ÉPISIOTOMIE

C'est une ouverture du périnée qui permet de faire un peu plus de place à la tête de l'enfant pour qu'il sorte. Elle n'est pas douloureuse (généralement pratiquée au moment d'une contraction). Une campagne menée par des associations en Angleterre a permis de faire chuter le taux d'épisiotomies de 52 % à 13 %. En France, 50 % des femmes y ont droit, et l'OMS préconise d'abaisser ce taux à 20 %, car les conséquences d'une épisiotomie sont nombreuses (cicatrisation douloureuse, soins importants, déchirure du périnée, incontinences urinaire et anale).

Mais l'épisiotomie est souvent nécessaire dans le cas où le bébé a un périmètre crânien important, et dans le cas de souffrance fœtale ou s'il faut utiliser les forceps.

SONDE URINAIRE

Lors de l'accouchement, la sonde urinaire (tuyau en latex ou en silicone qui est introduit) est nécessaire mais pas obligatoire en cas de péridurale. La pose de la sonde n'est pas agréable, mais on ne parle pas de douleur. Elle sert à vider la vessie avant l'accouchement pour faciliter le passage du bébé.

JE SUIS TON PÈRE

Eh oui, il fallait bien que je vous parle un peu du chéri. Même s'il a été d'un grand soutien pendant la grossesse, il n'avait qu'un rôle de figurant, alors que le jour de l'accouchement, il sera votre coéquipier. Lâchez ce livre et donnez-le-lui, puisque tout ce qui suit le concerne.

Messieurs les futurs papas, je m'adresse à vous.

Le jour de l'accouchement est aussi le jour où, pour vous, la paternité deviendra concrète. Fini, les formes étranges sur un moniteur ; fini, les coups de pied bizarres à travers le ventre de votre femme... Dans quelques heures, il sera dans vos bras, mais avant ça, il va falloir assurer avec votre femme, pour l'aider à affronter courageusement son accouchement.

Votre femme est Batman, vous êtes Robin, tenez-vous-le pour dit. Vous la seconderez, sans l'agacer. Tout en vous accordant quelques minutes pour recharger les batteries, car les accouchements sont émotionnellement éprouvants pour les papas.

Votre rôle pendant un accouchement par voie basse

(Voir le déroulement plus haut.)

- Vous allez devoir occuper votre femme pendant 7 heures. Avant de lui adresser la parole, sondez-la du regard. Voyez si elle a besoin d'être remotivée, consolée. Si elle a besoin de rire, ou de tendresse. Si vous ne savez pas, posez-lui la question. Pensez « animal en détresse ».

- Dans vos mains, vous aurez les accessoires du meilleur coéquipier : brumisateur et mouchoirs. Un vrai cow-boy !

- Dès qu'une personne entre dans la salle d'accouchement, écoutez tout ce qu'elle dit, au cas où votre femme panique et interprète mal ce qui vient d'être expliqué. Ça arrive beaucoup, à cause du stress et d[es] contractions.
- Apprenez à décoder le graphique des contractions : rien de plus simple, au bout de 7 heures, vous serez calé. En revanche, n'annoncez jamais le début d'une nouvelle contraction... il n'y a rien de plus stressant !
- Si vous avez besoin de fumer, de vous aérer, de boire un café... dites que vous allez aux toilettes ou que vous allez donner des nouvelles à votre entourage. Une moitié de vérité, mais qui blessera moins votre compagne. Après des heures allongée, on a du mal à accepter que notre compagnon ait la chance de se balader à sa guise.
- Pendant la phase d'expulsion, ne criez pas, ne touchez pas trop votre femme et, pour l'encourager, dites-lui qu'elle assure et qu'elle est la plus belle. Pas plus. Sinon elle va vous mordre. Vous pouvez lui toucher la tête, mais si elle montre les dents, reculez-vous !
- Si vous souhaitez couper le cordon, rappelez-le à la sage-femme.

- N'oubliez pas que le nouveau-né peut mettre quelques secondes à crier. N'inquiétez pas votre femme en vous inquiétant vous-même.
- Soyez patient.
- Tenez-vous prêt à vous prendre en plein visage une décharge d'émotions et d'adrénaline. Pensez aux mouchoirs.

Votre rôle pendant un accouchement par césarienne

Si vous êtes autorisé à assister votre femme...

- Entourez-la, chérissez-la, câlinez-la pour qu'elle ne s'inquiète jamais.
- N'essayez pas de « voir » ce qui se passe derrière le champ, vous vous doutez de l'aspect boucherie du ventre ouvert.

Si vous n'êtes pas autorisé à assister votre femme...

- Quand on vous amènera le bébé, bombardez-le de photos pour ensuite « raconter » en images ce qui s'est passé à votre femme.
- Avant d'arriver en salle de réveil, prenez votre enfant dans vos bras pour le présenter à votre femme (le plus joli moment qui soit quand on n'a pas eu le temps de voir son bébé).

C'EST TOI + MOI + NOTRE BÉBÉ CONTRE LE MONDE ENTIER

Il est très rare qu'on ait envie de faire la « mondaine » directement après l'accouchement. Si votre enfant est né le matin, préférez recevoir les premiers visiteurs le lendemain ou, si les grands-parents ne peuvent pas attendre, le soir même. Ce qui vous laisse la journée pour vous reposer et vous faire une toilette avant de présenter le petit à sa famille.

N'imaginez pas être heureuse ou enchantée... Ne vous attendez à rien. Prenez le temps de profiter du calme, du silence, de cette première prise de connaissance à trois.

Si vous allaitez, une sage-femme sera là pour vous guider lors de votre séjour à la maternité. Vous verrez, vous aurez peu de temps pour vous et recevrez la visite de différents médecins et personnels hospitaliers pour vos soins et ceux de l'enfant.

PETIT PLUS

Prévoyez un petit carnet de naissance où vous noterez tout précieusement. Souvent, les médecins vous poseront des questions (à quelle heure a-t-il mangé, combien a-t-il pris, etc.), vous y retrouverez ainsi toutes les informations demandées. De plus, tous les conseils pourront être compilés.

Si le papa peut se permettre de rester, qu'il le fasse. Ce n'est pas à la clinique de décider (aucune loi empêche un père de dormir dans la chambre de sa compagne et de son enfant). Il devra cependant se nourrir seul, pourvoir lui-même à son oreiller, voire sa couverture. Toutes les maternités ont des lits d'appoint et peuvent accueillir les papas.

Ceci est l'un des plus précieux conseils que je peux vous donner, mais croyez-moi : les premières nuits après un accouchement sont plus belles à deux que seule. La place de votre conjoint, s'il le peut, est à vos côtés, ne serait-ce que pour vous permettre de vous reposer en toute quiétude. Si, en plus, il peut télécharger quelques films pour occuper vos soirées, c'est encore mieux !

ÉPILOGUE

Selon moi, une grossesse ne dure pas neuf mois, mais dix. Il faut vraiment attendre un mois complet après l'accouchement (miam) pour sentir ce grand événement derrière soi. Les stigmates sont sans doute encore là, puisque si le ventre s'est maintenant quasiment dégonflé, il reste à perdre les kilos de grossesse, le périnée à remuscler et la paroi abdominale à rebooster.

La vie sexuelle est encore en suspens…

Et vous ne vous occupez plus seulement de votre pomme, car quelqu'un a besoin de plus de soin et d'attention que vous : votre enfant. Et ça, c'est vraiment complètement fou ! Rencontrer l'être qui vous donnait des coups de pied, pour qui vous avez offert neuf mois de votre vie pour qu'il devienne ce qu'il est devant vos yeux, je trouve ça encore hallucinant.

Je sais qu'on est encore nombreuses à se dire : « Non, mais c'est dingue, il y a x mois (ou même x années), cet enfant était… en moi !!! »

La période d'acclimatation des premiers mois est, pour de nombreuses raisons, compliquée. Entre euphorie, baby-blues, fatigue cumulée, corps à apprivoiser et nouvelle vie qui commence, difficile de ne pas se sentir perdue… Courage, bientôt vous filerez à l'anglaise avec votre chéri pour une soirée comme au bon vieux temps et rentrerez ravis de retrouver votre toute nouvelle famille.

Compter sur les autres, vous devrez

Ne refusez pas l'aide d'une amie attentionnée qui veut vous aider pour le ménage et vous garder deux heures votre enfant, le temps de vous reposer. Ne luttez pas et acceptez sans culpabiliser (et savourez le fait d'être entourée). Si on vous propose de faire des courses, de vous apporter des plats tout prêts, etc., surtout acceptez, ça ne peut que vous faire du bien, à vous et votre couple.

Demandez au papa d'en faire plus que vous ! La parité, ce n'est pas du jeu quand on vient de passer neuf mois à porter la vie + 10 heures à la mettre en route. S'il se lève plus la nuit, ce n'est pas que vous êtes une feignante, mais que vous avez besoin de repos.

La fatigue aggrave les symptômes du baby-blues. Aussi, le meilleur conseil qu'on peut donner aux jeunes parents et qui est vraiment efficace est de dormir quand l'enfant dort… Oh oui ! Il y a quelque chose de très apaisant dans la présence d'un nourrisson dans une maison, comme si tout était soudain entouré de coton.

Bon, il peut aussi y avoir un côté terrifiant, une petite accélération cardiaque quand on quitte la clinique, qu'on arrive à la maison et qu'il est l'heure de se débrouiller seuls… Comme des grands.

UN PEU DE VOCABULAIRE

- **Baby-blues : hypersensibilité qui apparaît dans les trois à dix jours qui suivent l'accouchement.**
- **Dépression post-partum ou périnatale : plus persistante et éprouvante que le baby-blues, elle se manifeste par un sentiment de découragement, des pleurs, un manque d'appétit, une perte de confiance en soi, un désintérêt pour l'enfant… Elle peut durer jusqu'à six mois et doit être traitée par un médecin.**

Couper le cordon, rapidement il faudra

Pour une heure ou deux, quittez votre appartement, même si c'est pour aller au café d'en face, à la pharmacie.

C'est la première fois depuis neuf mois que vous êtes à nouveau seule. Il vous reste des réflexes de femme enceinte, le premier étant de vous toucher le ventre.

Il est important de ne pas trop vivre dans la nostalgie de ce ventre vide. La pensée positive sera d'imaginer votre mec, pas très rassuré à l'idée d'être lui aussi seul pour la première fois avec votre enfant.

Vous devez réapprendre à être seule, mais aussi à vous re-aimer. Prenez rendez-vous chez le kinésithérapeute (deux mois après), programmez un repas avec vos copines. Reprenez rapidement une vie « normale », c'est l'une des clés pour ne pas sombrer dans un enfermement sur votre foyer. N'oubliez jamais que devenir mère ne veut pas dire ne plus être une femme. Vous avez une nouvelle casquette, pas une nouvelle identité.

SORTEZ !

Ce qui est bien avec les nourrissons, c'est qu'ils s'endorment au restaurant, dans les cafés bruyants... Ils dorment BEAUCOUP (presque 19 heures par jour). Plus tard, quand il prendra conscience de tout ce qui est autour de lui, il exigera plus de confort pour dormir et ne supportera pas d'être de longues heures dans sa poussette. Oui, vous pouvez vous faire des restaurants aux chandelles avec une nacelle à côté, des boutiques, des balades. Plus vous sociabiliserez votre enfant, moins vous aurez de risques qu'il grogne comme un ermite.

Votre bonnassitude, vous programmerez

Je ne dis pas qu'il faut faire un régime et des tractions dès le lendemain de votre accouchement, mais vous pouvez prendre le temps d'établir un plan de guerre. La légende voudrait qu'on mette autant de temps à perdre ses kilos de grossesse qu'à les prendre – neuf mois donc –, mais ne vous mettez pas trop la pression non plus. La vie

active d'une maman permet un sport quotidien, fixez-vous un objectif raisonnable et faites du sport. Non seulement le sport permet de réguler son alimentation naturellement, mais en plus il aide à dormir (et favorise la non-reprise du tabac).

Gaga, vous serez comme Lady

Oui, vous avez pesté après votre grossesse, vous avez maudit votre enfant parce que vous creviez d'envie d'une clope/d'un sushi/d'un bloody mary... Mais avouez devant son visage (qui s'est nettement amélioré depuis le premier jour), que c'est plutôt cool de l'avoir en vrai. Je vous le répète, ne pas aimer la grossesse ne fera pas de vous une mauvaise mère, et j'espère que vous n'en doutiez pas.

Et, bien sûr…

- Prenez des milliers de photos.
- Faites un Photomaton à trois (c'est troooop bien, les Photomaton !).
- Organisez un apéro pour présenter votre enfant à vos amis.
- Changez de couleur ou de coiffure (c'est le moment idéal).
- Profitez de votre congé mat' à fond.

Maintenant, je laisse la parole aux mamans qui m'ont aidée à réaliser ce livre. Je leur ai posé cette ultime question, à laquelle elles se sont toutes fait un plaisir de répondre : « Dans les mois qui ont suivi votre accouchement, qu'est-ce qui vous a le plus marquée ? »

Martine D. : *« À quel point j'avais la mémoire courte. Quand Zoé était dans mes bras, je me suis surprise à lui dire : "Tu es déjà là, toi ?" alors que deux mois avant, je montais les marches deux par deux pour faire craquer la poche des eaux. »*

Élisa B. : *« La douleur oubliée. Je me souviens que ce n'était pas agréable, mais quand mon mec me rappelle les horreurs que je sortais en salle de travail, comparé à mon souvenir… je me demande si je ne suis pas schizophrène. »*

Johanna D.L.V. : *« Quand Charles est né, j'ai eu la pêche pendant deux semaines. Je faisais les courses, les nuits, en me disant que les autres femmes exagéraient en se plaignant… Puis j'ai compris que si je gardais le rythme encore un mois, j'allais droit dans le mur. Il* faut se ménager dès les premiers jours et ne pas trop en faire. »

Chloé M. : *« J'ai été surprise que mon mari et moi, on sache faire. Tout roulait, des couches au bain, on n'y connaissait rien, mais, par fierté, on a fait ceux qui avaient tout compris et, en fait, au lieu d'être handicapés, on était bluffés d'être si vite "parents". »*

Moi : *« Ce qui m'a surprise les premiers mois, c'est comment, avec une poussette, on est le roi du trottoir. Une poussette, c'est un char d'assaut contre lequel on ne peut pas riposter... Trop bien ! »*

CONCLUSION

« Il était une fois un couple qui s'aimait très fort. Ils avaient décidé de faire un enfant. Ou peut-être que c'est arrivé par hasard. Souvent, les bébés suivent les histoires d'amour comme des points de suspension. Bref, quand ils ont vu le test positif, le papa était heureux, mais ce n'était pas très concret. Pour la mère non plus, d'ailleurs ; ça l'est devenu beaucoup plus quand, trois jours plus tard, elle avait la tête dans les w.-c. à vomir tout ce qu'elle avait dans le ventre, c'est-à-dire pas grand-chose.

Les mois passèrent, c'était chouette et compliqué à la fois. Enceinte, quand on n'a pas de ventre, qu'on n'a pas le droit de le dire et qu'en plus n'importe quelle odeur un peu forte est un aller simple pour la case nausée, on ne prévoit pas ce démarrage un peu déroutant. Heureusement, il y avait le monitoring du médecin. On entendait “badoum, badoum”. Ça allait très vite et ça mouillait les yeux. Et dès la première échographie, ça a commencé à être concret.

Quand le ventre s'est arrondi, plus qu'il ne l'était déjà, le secret ne fut plus. Quelle joie d'être la reine du monde ! Enfin, une reine à qui on aimait bien faire des blagues sur ses faux pas, son ventre trop gros que tout le monde touchait comme si c'était une paroi de la grotte de Lourdes. Et puis, toutes les filles enceintes avaient l'air plus heureuses qu'elle... Comment faisaient-elles pour ne pas avoir envie de tout ce qui était interdit ? Comment faisaient-elles pour ne pas craquer, fumer, boire, boulotter des sushis ? Et le sport, et l'absolue certitude de vivre leurs plus beaux instants, et leurs *fringues si belles quand elle avait surtout l'impression de ressembler à une enclume dont même Jean Paul Gaultier n'aurait pas voulu pour son défilé annuel de "gens normaux un peu chelou".*

Alors que le troisième trimestre pointait le bout de son (looooong) nez, elle décida d'avouer à son entourage que la grossesse, c'était aussi nul que la saison 5 de 24 Heures chrono.

Elle culpabilisait, mais son mari comprenait. Il la voyait péniblement se lever la nuit pour pisser trois gouttes, il la voyait incommodée par ce corps lourd, rempli d'eau et de vie. Mais pourtant, elle l'aimait déjà, son fils, son petit garçon qui prenait beaucoup de place. Ce n'était pas de l'attendre qui était difficile, mais de le porter.

Les deux derniers mois, ceux du diabète gestationnel, étaient compliqués. Fêter ses 30 ans à l'eau citronnée, c'était pas drôle, mais la date du terme approchait, la fête, ce serait pour plus tard.

L'accouchement a été long et éprouvant. Par la suite, il y a eu d'autres aventures et déconvenues médicales... Mais tout ça, c'est derrière.

C'était il y a exactement 13 mois, pile poil. »

Le plus fou dans ce conte, c'est que je me souviens de m'être promis, à l'époque, de ne pas oublier ce qu'avait été pour moi la grossesse, ne pas oublier que, enceinte, aucune femme n'avoue sans culpabilité qu'elle n'est pas la plus épanouie du monde. Je voulais en parler à celles qui vivaient moyennement ces neuf mois en captivité. Mais en replongeant dans le sujet, en me remémorant des anecdotes, en sondant les amies... j'ai réalisé que j'avais oublié.

Oui, je me souviens des nausées, des nuits... Mais j'y accorde moins d'importance qu'à l'époque. Peut-être que c'est ça, le miracle de la reproduction, être capable d'oublier le chemin pour avoir envie de faire d'autres enfants. Peut-être aussi que quand on a un enfant, qu'il est devant nous, on réalise qu'on a de la chance de l'avoir.

Je ne dirais peut-être jamais « j'adore être enceinte », en revanche jamais je ne dirais « plus jamais ». Parce que, encore une fois, ne pas aimer être enceinte ne veut pas dire ne pas aimer être maman. Je pourrais en faire un livre « J'aime être maman », mais ça ressemble trop à un titre de cruche genre « J'aime la gym ». Et je ne veux pas qu'on croit que l'auteur qui se cache derrière ce livre ressemble à un mannequin La Redoute vantant les mérites d'un masseur... visage.

En vous souhaitant une jolie vie de maman.

Plein d'amour sur vos gros ventres,

Navie

TABLE DES MATIÈRES

CHAPITRE 8

Imprimé en Espagne par Cayfosa
pour le compte des éditions Marabout (Hachette Livre)
58, rue Jean-Bleuzen 92178 Vanves Cedex

Achevé d'imprimer en novembre 2016
Dépôt Légal : janvier 2017

978-2-501-11702-9
7248585 / 01